地域引力を生み出す

観光ブランドの教科書

Kunihiko Iwasaki
岩崎邦彦

日本経済新聞出版

はじめに――引力ある地域をつくろう

強いブランドには、「引力」がある。

京都に来ている観光客も、パリに来ている観光客も、ディズニーランドに来ている観光客も、「来てください」と頼まれて来たのではない。京都も、パリも、ディズニーランドも、人を引きつける力、「引力」を持っている。

有名な京都の観光キャンペーンを思い浮かべてみよう。「ぜひ、京都に来てください」とは言っていないはずだ。

「そうだ 京都、行こう。」

「行こう」という言葉は、売り手・地域側の想いではない。買い手・観光客の想いである。観光客に「来てください」と頼むのではなく、観光客が「行こう」と思う。

これが、ブランドだ。

「誘致」から「地域引力の向上」へ

今、全国的に、観光による地域振興への機運が高まっている。各地で、観光客数を増やそうと、観光客の誘致キャンペーン、誘客プロモーションがさかんに展開されている。

「ぜひ、観光に来てください」

観光客をめぐる地域間競争は、激化の一途だ。

考えてみよう。京都に観光に来ている人々は、「誘致」されたから来たのであろうか。北海道に来ている観光客は、「誘客」されて来たのであろうか。

そうではないはずだ。

それぞれの地域が持つ「何か」に引きつけられたからこそ、観光に来ているのである。

観光のブランドをつくるためには、売り手視点の「誘致発想」から、買い手視点の「地域引力の向上」へ視点を転換することが必要だ。

「誘致」は、勝つか負けるか、競争の概念である。「誘致競争」という言葉はあっても、「誘致共存」という言葉はない。

本書で提案する「地域引力」は、共存の概念だ。それぞれの地域が個性を伸ばし、魅力を高めていくことによって、国全体として、観光の多様性が生まれ、国内の観光が促進されていく。

「引力ある地域」が各地に増えていけば、観光客が全国に分散し、一部の有名観光地への顧客集中がもたらす弊害の解消も期待できるはずだ。

観光における「引力」の重要性

モノ（商品）のブランドづくりと異なり、観光のブランドづくりにおいては、とくに、「引力」を生み出すという発想が大切になる。

なぜなら、地域は動かすことができないからだ。

モノは、流通経路に乗って、消費者のもとに移動することができるが、地域は、絶対に移動することができない。

九州でつくった「商品」を東京に移動させることはできるが、九州という「地域」を東京に移動させることは不可能である。

移動できないのなら、引きつけるしかない。

「観光客の増加」は、観光施策の目的か

各地で、観光客数増加のための施策が行われているが、観光客数は、あくまでも「結果」だ。それを「目的」とすることは危険だろう。長期的で、持続的な観光発展のためには、「結果」ではなく、「原因」に焦点をあてることが欠かせない。

地域引力があるから、観光客が引きつけられるのであり、その逆はあり得ない。

「地域引力」(原因)→「観光客」(結果)

観光客数という「結果」だけに目を向けてしまうと、短期的で、場当たり的で、対症療法的な対策しか出てこなくなる。

現実の観光施策をみると、観光客受入数という「数」の追求や、誘致・誘客型のプロモーション、キャンペーンが多いのは、このためかもしれない。

そもそも、観光における数の追求は、遅かれ早かれ限界が来る。モノと違って地域は、増やすことはできないし、大きくすることもできないからだ。観光客が増えたからといって、京都を2つつくることも、面積を2倍にすることもできない。

数の追求は、幸福につながるのか

観光施策の目的は、「観光客の〝数〟が増えること」ではない。「地域が〝元気〟になること」「住む人、訪れる人が〝幸せ〟になること」だ。

詳細は後述するが、外国人旅行客の受入数が多い「観光大国」の上位10か国で、幸福度ランキングのベスト10に入る国は一国もない。国際観光収入のGDP比が高い「観光立国」をみても、その幸福度は高くない。

「観光客受入数」を追求しても、人々の幸福に結びつかない可能性があるということだ。観光客数が増えたとしても、地域の幸福度が下がってしまっては、元も子もないだろう。

「誘致・誘客」から「引力ある地域の創造」へ

「観光客数の増加」から「地域引力の向上」へ

発想を変えよう。

地域が人々を引きつける力、すなわち「地域引力」を生み出す。これこそが、「観光のブランドづくり」の発想である。

地域資源の掛け算

「地域引力」を生み出す。

こう考えると、観光は、観光業だけにとどまらない、地域全体に関わるテーマになる。なぜなら、観光業だけでは、地域引力は生まれないからだ。

地域引力は、地域資源の掛け算である。

地域引力 ＝ 農業 × 工業 × 商業 × サービス業 × ……

観光客数だけを追求すると、観光関係者以外の人々は「自分たちには関係ない」と〝他人事〟になりがちである。だが、地域引力の向上であれば、一次産業から三次産業、さらには住民まで〝自分事〟になり得る。地域引力に目を向ければ、地域の力を結集することができるということだ。

では、どうすれば、「地域引力」を生み出し、強いブランドをつくることができるのだろうか。これが、本書のメインテーマである。

インバウンド客頼みでよいのか

我が国は、人口減少社会を迎えた。人口減による需要減をカバーするため、インバウンド（訪日外国人）観光の重要性が叫ばれている。もちろん、インバウンド需要は人口減少対策の選択肢の一つであるが、インバウンド観光客数の増加に、過度に頼るのは危険かもしれない。

この10年で、訪日旅行者数の増加は2000万人以上と急激だ。急激な数の増加は、どこかに無理を生む。すでに、「オーバーツーリズム」と呼ばれる過剰な観光客がもたらす弊害は、一部の地域で現実化し、観光客数の増加が地域の豊かさや、地域の人々の幸福につながらないという声も聞くようになった。

インバウンド客が急激に増えすぎて、国内の人々が旅行に行きづらくなってしまっては、元も子もない。過度の混雑がもたらす地域のイメージ悪化や、生活利便性の低下によって、日本人の観光離れが促進されたり、住民の幸福度が低下したりしては、本末転倒だろう。

大規模イベントによる観光特需に過度に頼るのも、危険かもしれない。

急激に伸びた客は、急激に落ち込む可能性も高い。大切なのは、一度来た観光客が、繰り返し訪れてくれるかどうかだ。

持続可能な観光発展のためには、「数」の減少を「数」で補うのではなく、「数」の減少を「質」の向上に転換させるという発想が必要だろう。インバウンド観光についても、「量のインバウンド」から「質のインバウンド」への発想の転換が求められるはずだ。

大切なものは、足元にある

各地の観光施策をみると、日本人の旅行促進よりも、量的な成果が見えやすい、インバウンド観光客数増加を追い求めているケースが多いように感じる。

地域の「元気」を生み出すために、大切なものは「足元」にある。観光も同様だ。

日本人による旅行消費額は、日本国内における旅行消費額のほぼ8割を占める。この足元需要が、持続的な観光振興のカギを握っている。

しかしながら、日本人の旅行消費額は、国際的にみても、いまだ低い水準にある。訪日外国人旅行者数が急激に伸びている一方で、日本人の国内旅行者数や海外旅行者数は、ほとんど伸びていないのが現実だ。

「観光客に来てもらう」のと「観光に行く」のでは、どちらが幸せだろうか？

全国の人々に聞いてみると、圧倒的に多くの人は、「観光に行く」ことが幸せと回答する。後述するが、「観光客に来てもらう国」よりも、国民が「観光に行く国」（旅行にお金を使う国）の方が、幸福度は顕著に高い。

日本人の旅行を促進し、観光を楽しむ人が増えることは、地域振興のみならず、人々の幸せにも結びつくということだ。

本書で実施した全国の消費者に対する観光調査の分析からは、日本人の観光旅行を促進し、国内観光マーケットを活性化させるための示唆が得られるはずである。

本書では、全国の消費者調査に加えて、海外の消費者に対する調査結果も紹介するが、そもそも、「引力」に国籍はない。真の観光立国は、来る人も、住む人も、観光を楽しめる国だ。

地域引力が増加し、地域のブランド力が強くなれば、国内・国外の区別なく、人々の心を引きつけることができるだろう。

本書の特徴

本書で提案する内容の多くは、我々が実施した消費者調査(注)によって、「観光客の目線」で

図 0-1：観光のブランドの階層

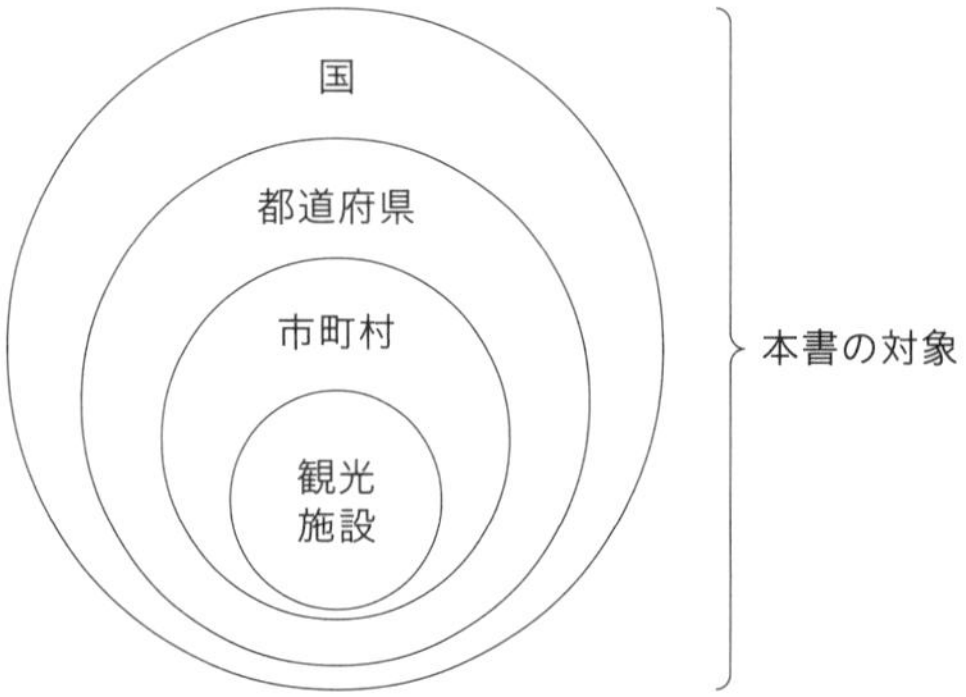

有効性を検証したものである。調査手法は、できる限りシンプルなものを採用し、誰もが理解しやすいように心掛けた。

本書は、実務家による実践書や事例紹介でもなく、研究のための研究でもない。研究と実践の橋渡しを行うことを狙いとしている。

本書では、専門用語はできるだけ使わず、可能な限り読みやすく、イメージしやすい記述を心掛け、提案する内容が読者の具体的な行動につながるよう意識した。

観光のブランドには、国、都道府県、市町村、観光施設など、いくつかの階層があるが、本書では、いずれの階層にも共通する本質的な課題を取り上げている。ここで提案するブランドづくりの方向性は、どの階層においても適用可能なはずだ（図０－１）。

では、さっそく、「地域引力を生み出す 観光のブランドづくり」の旅へ出かけよう。

（注）本書の「消費者調査」（国内調査、海外調査）の対象は、20～69歳の男女である。性別は男女均等（男性50％、女性50％）、年代も均等（20代20％、30代20％、40代20％、50代20％、60代20％）に割り付けた。
調査方法は、株式会社ネオマーケティングが運営するアンケート専門サイト「アイリサーチ」を用いたWebアンケート方式である。各調査の調査時期、調査地域、サンプル数は調査ごとに表示している。

国内調査は、最近1年間で、観光旅行（国内、海外問わず）に行ったことがある人を対象とし、海外調査は、海外観光旅行に「2回以上」行ったことがある人を対象としている。

目次

第11章 ブランドづくりの6ステップ

第12章

観光立国は「幸せな国」か

第13章 「量の観光」から「質の観光」へ……205

第14章 「質の観光」「持続可能な観光」をどう実現するか……223

第1章

誘致・誘客からマーケティングへ

「ブランドは、マーケティングにおける最強の武器」といわれる。「観光のブランドづくり」を考える前提として、マーケティング的な発想を理解しておくことが欠かせない。

では、観光におけるマーケティングとは何だろうか。

観光のブランドづくりについて検討を進める前に、本章では、観光におけるマーケティングの発想について、「ベクトル合わせ」をしておくことにしよう。

押すのではなく、引きつける

21世紀の観光マーケティングで大切なのは、売り込みや誘致という「押す力」ではない。大切なのは、観光客を引きつける「引く力」である。

誘致やセールス活動のことをマーケティングだと思っている人がいるが、そうではない。「誘致」や「セールス」と「マーケティング」は、正反対の概念だ。

「ぜひ、来てください」を誘致・セールスだとすると、「ぜひ、行きたい」がマーケティングである。

- 誘致・セールス　……　「ぜひ、来てください」
- マーケティング　……　「ぜひ、行きたい」

図1-1：「誘致・セールス」と「マーケティング」の違い

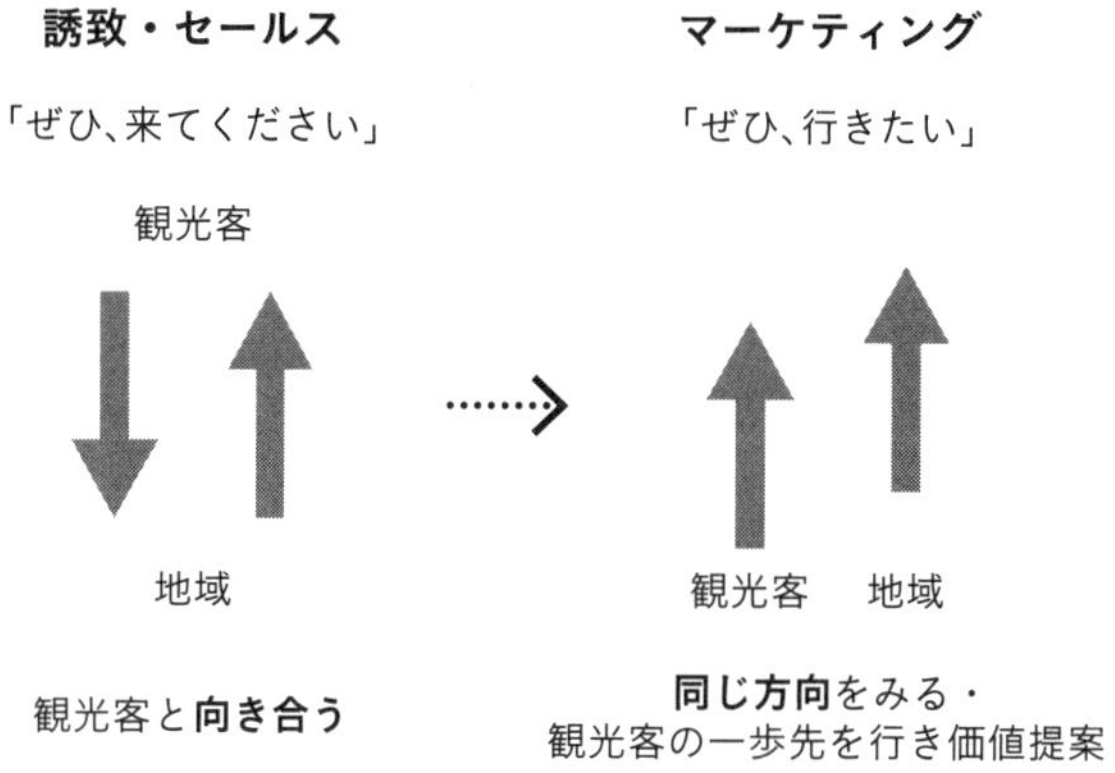

前者と後者は発想が１８０度違う。なぜなら、「来てください」は売り手の想いであるが、「行きたい」は観光客の想いである。

- 「来てください」と押すのではなく、人を引きつける地域になること
- 売り手を「主語」にものごとを考えるのではなく、観光客を「主語」に考えること
- 観光客と向かい合うのではなく、観光客と同じ方向をみて、観光客に「価値」ある提案をすること

これが、観光のマーケティング発想だ（図１－１）。

考えてみよう。

京都の観光キャンペーンが「そうだ 京都、行こ

う」ではなく、「ぜひ 京都、来てください」だったら、人々の共感を得ることができただろうか。

もしも、ベストセラーになった観光ガイドブックのタイトルが、「死ぬまでに行きたい！」ではなくて、「死ぬまでに来てください！」だったら、これほど売れただろうか。

おそらく「否」だろう。

現実は、「押すタイプ」の事業が多い

「観光客を呼び込もう」「プロモーションをすれば、観光客は増えるはずだ」「誘客キャンペーンで、観光客を増やそう」

観光振興の現場では、「押す」ことに注力している組織が多い。実際、全国の観光組織の事業計画書をみてみても、

- 観光客誘致による観光活性化
- 誘客宣伝の充実
- 誘客キャンペーン事業
- プロモーションの推進

など、「押す」タイプの活動が中心を占めている。

ちなみに、「プロモーション」という英語の「pro-」という接頭辞は「前に」という意味だ。売り手から買い手への「一方通行」の概念であり、「押す」イメージに近い。「来てください」「来てください」と繰り返されて、行きたくなる人は、どれだけいるだろうか。押されれば、押されるほど、逆に、人の心は引いてしまう。一度来てくれたとしても、地域そのものに引力がなければ、リピート来訪をしてくれない。

地域引力がないまま、観光客数だけを増やそうとすると、いずれ無理が生じる。

では、「地域引力」を生み出し、観光客を引きつけるためには、どうすればよいのだろうか。

どうしたら、観光客に「行きたい」と思ってもらえるのだろうか。

そのためには、

- 人は、なぜ観光するのか
- 人は、観光に行く「地域」に何を求めているのかすなわち、人々が観光や観光地に求める「価値」を把握することが前提になる。

なぜなら、消費者が求めているのは、「観光サービスという〝商品〟」ではなく、「観光が、自分にもたらす〝価値〟」だからだ。

では、観光が人々にもたらす〝価値〟とは、何だろうか。

続いて、この点を検討しよう。

消費者は、観光に何を求めるのか

あなたは、次の文章の空欄にどのような言葉を入れるだろうか。

私が、観光に行くのは、「　　　　　　　　」を求めているからである。

消費者の観光動機を探るため、全国の消費者に、前の文章の空欄に自由に言葉を入れてもらった。

消費者に「観光に行きたい」と思ってもらうためのポイントが、これらの言葉に反映されているはずだ。

結果は、表1－1に示したとおりである。この表では、文章から単語を抽出し、出現頻度

表1-1：何を求めて、観光に行くのか

順位	キーワード	出現頻度
1	癒やし・安らぎ・リラックス	273
2	非日常	154
3	リフレッシュ・気分転換	96
4	楽しさ	51
5	おいしい	33
6	刺激	31
7	新しい	30
7	体験	30
9	発見	28
10	自然	21

（出所）全国消費者1000人調査（2018年11月）

が高い順番に並べている。同義語は、まとめて表示した（これ以降の「文章の分析」についても同様）。

圧倒的に多い回答は、「癒やし・やすらぎ・リラックス」である。１０００人中２７３人が、これらの言葉をあげている。せわしない日常や、ストレスの多い現代社会を反映した結果かもしれない。

ついで、多いのは「非日常」「リフレッシュ・気分転換」だ。「楽しい」という言葉も50人以上があげている。その他、「おいしい」「刺激」「体験」といった言葉がみられる。

- リラックスを求めて
- 非日常を求めて
- リフレッシュを求めて
- 楽しみを求めて

- おいしい食を求めて
- 新しい体験や刺激を求めて

これらが、観光が人にもたらす「価値」である。

ちなみに、「おもてなし」で、観光客を引きつけようという話をよく聞くが、「おもてなし」という言葉をあげた人は、1000人中一人もいない。おもてなしが、直接的な観光動機にはならないことを示唆する結果である。

「おもてなし」だけでは、「地域引力」は生まれないということだろう。

先に「地域」を選ぶか、先に「ホテル」を選ぶか

観光に行く場合、消費者は、まず「地域」を選ぶのだろうか。それとも「ホテル・旅館」などの宿泊先を選ぶのだろうか。全国の消費者に聞いてみた。

結果は、図1―2に示したとおりだ。

8割の人が、最初に地域を選ぶと回答している。宿泊場所などを決めるのは、その後である。

この結果が示唆することは、「地域の引力が、その地域のホテル・旅館の集客力に直結する

る」ということだ。多くの人は、ホテル・旅館が魅力的だから、その地域を選ぶのではない。地域が魅力的だから、その地域の宿泊先を選ぶのである。

たとえ、ホテルの魅力で顧客を引きつけることができたとしても、地域そのものに魅力がなければ、地域は元気にならない。

「地域振興」と「ホテル振興」は、イコールではない。観光客に選ばれ、地域が元気になるためには、まずは「地域引力」を生み出すことが不可欠だろう。

観光に行く「地域」に求めるもの

前述のとおり、多くの人々は、観光に行くときに、まず「地域」を選ぶ。では、人々は、観光に行く「地域」に何を求めているのだろうか。

ここでは、全国の消費者に、次の文章を示し、空欄に自由に言葉を入れてもらった。

私が、観光に行く「地域」に求めるのは、「　　　　　　　　」である。

結果は、表1－2に示したとおりだ。

もっとも多いのは、「癒やし・安らぎ・リラックス」である。ほぼ2割の人がこれらの言

図1-2：観光に行くとき、まず、どちらを選ぶか

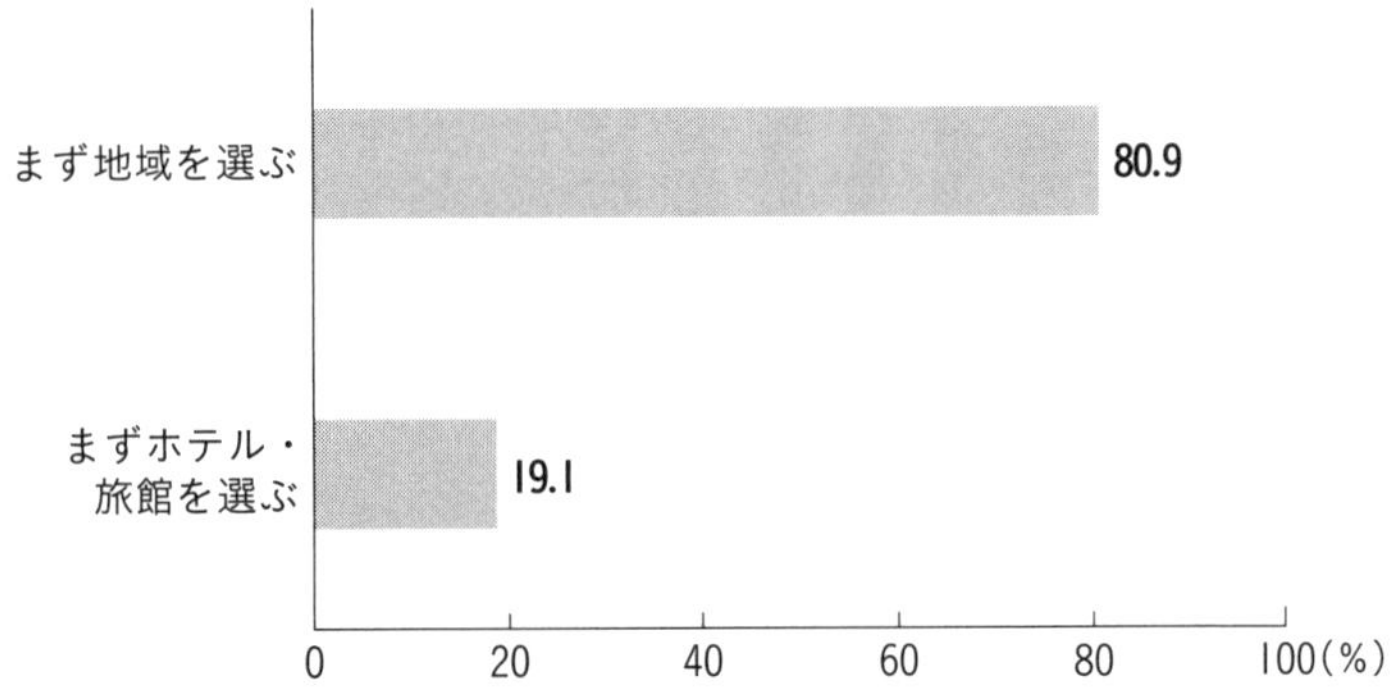

（出所）全国消費者1000人調査（2018年5月）

表1-2：人々は、観光地に何を求めているのか

順位	キーワード	出現頻度
1	癒やし・安らぎ・リラックス	182
2	自然	80
3	おいしい	47
4	食	44
5	非日常	39
6	発見	31
6	景色	31
8	温泉	30
9	楽しさ	29
10	リフレッシュ	27

（出所）全国消費者1000人調査（2018年11月）

葉をあげている。

以下、「自然」「おいしい」「食」と続く。これらの要素が、地域引力を生み出すためのポイントとなることが示唆される。

「見る観光」から、「感じる観光」へ

一方、「名所」という言葉をあげた人は1000人中8人、わずか0・8%だ。「旧跡」も1人しかいない。

「名所旧跡」など、有形物を見に行く「モノ観光」の時代は、終焉しつつあることを示唆する結果だろう。

圧倒的に多くの人々が求めているのは、リラックス、食、楽しみ、体験といった「コト観光」である。

時代は、「見る観光」から、「感じる観光」へシフトしているということだ。

「モノ観光」は、「一度見たから、もういいや」「今度は、別のところに行こう」と、リピートや長期滞在につながりにくい。視覚だけに訴える「見る観光」は、飽きられやすい。

一方、「コト観光」は、視覚だけでなく、五感で「感じる観光」だ。リラックス、おいしい食は、一度経験したから、もう十分とはならない。「またリラックスしたい」「また食べた

い」。リピートにつながる観光である。

20世紀型観光の終焉

「よいとこ 一度はおいで」

かつて我が国では、こういった「おいで型」「いらっしゃい型」の観光プロモーションが、各地で盛んに行われていた。

事実、20世紀の成長経済の時代は、こういったプロモーションが有効であり、各地は団体や個人の観光客でにぎわっていた。人口が増加し、観光に出かける人も右肩上がりで増えていた当時は、目の前にある観光需要や、既に存在する観光客を呼び込むことで十分だったのかもしれない。

だが、今は違う。

我が国の経済は成熟化し、観光をめぐる地域間競争は、全国規模、世界規模で激化している。「よいとこ 一度はおいで」の発想では、地域引力を生み出し、観光客を引きつけることは難しい。

「よいとこ　一度はおいで」の発想は、マーケティング的にみると3つの問題がある。

①　第一に、「おいで」は、売り手サイドの想いであり、売り手からの目線である。マーケティングの発想は、逆だ。顧客の目線で、「いかに行きたくなるか」を考えることがマーケティングである。

②　第二に、「よいとこ」と聞いても、何が良いのかが分からない。具体的なイメージが湧かない。
「よいところ」「魅力がいっぱい」といった類いのキャンペーンを見かけることが多いが、いずれも、買い手の心にイメージが浮かばないので、地域引力は生まれにくい。

「来れば分かる」「食べれば分かる」という発想も、同じく、イメージが浮かばないという意味でNGだろう。「イメージ」と「地域引力」の関係は、第4章で詳しく検討する。

③　第三は、「一度はおいで」の部分だ。成熟時代の観光は、一度来てもらうだけではダメである。二度、三度と繰り返し、何度も来てもらうことが大切になる。

図1-3：満足度が高くなれば、リピート意向も高くなる

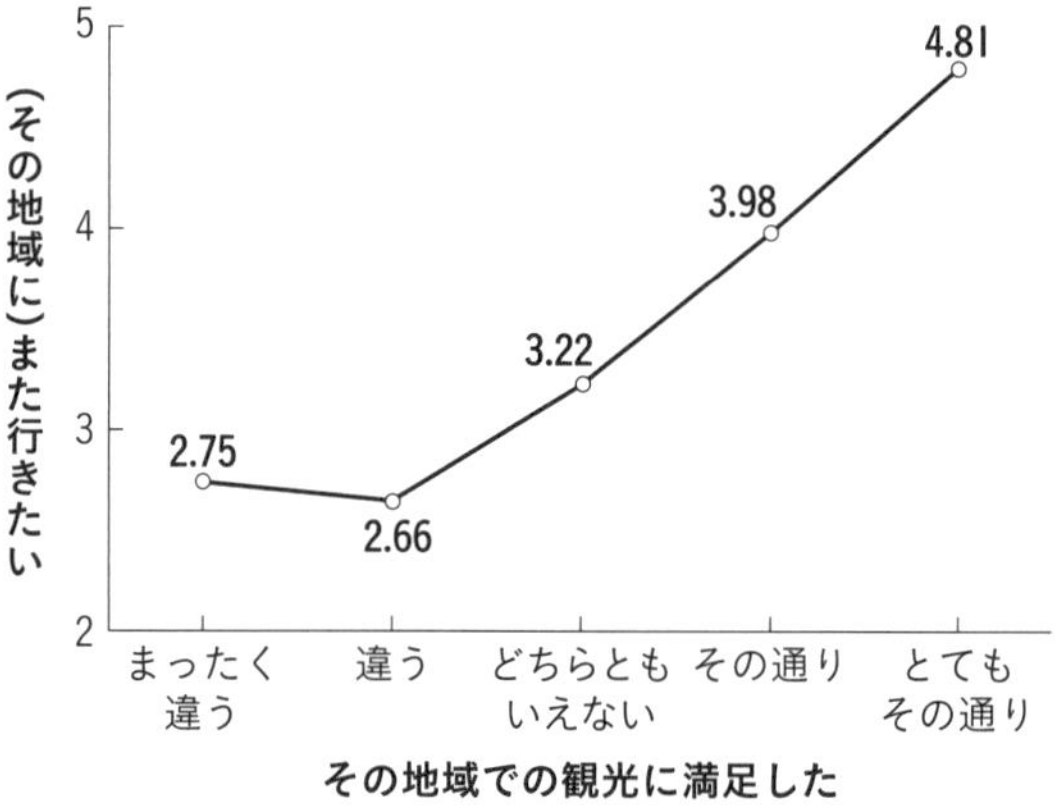

（注）「また行きたい」は、「とてもその通り」5～「まったく違う」1の5ポイントスケールで評価
（出所）全国消費者2000人調査（2017年10月）

「一度はおいで」という新規顧客の獲得から、「また行きたい」という、顧客満足向上によるリピート来訪促進へ、発想の転換が必要だ。

消費者にとって、観光の選択肢が豊富な今日、不満な地域に、もう一度行きたいという人は、いないだろう。来てくれた人々に、満足してもらうことが欠かせない。

図1－3をみてほしい。観光で訪れた地域への満足度が高まれば高まるほど、その地域へのリピート意向が高まることが明らかだ。

21世紀の観光は、「リピートビジネス」である。

第2章

観光のブランドづくりとは何か

前章では、観光におけるマーケティング発想について、ベクトル合わせを行った。この章では、観光のマーケティングに成功するためのキーワード、「ブランド」についてみていこう。

図２－１は、「観光」と「ブランド」という言葉が同時に出現する新聞記事数の推移をみたものである。

これをみると、１９８０年はゼロであったが、２０００年以降、急激に増加していることが分かる。２０１５年は２０２２件と、一日に５件以上のペースだ。新聞記事が増えているということは、観光におけるブランドへの関心が高まっているということだ。

地域間競争が激化する現在、観光客に選ばれる地域になるためには、「ブランドづくり」

図 2-1：観光のブランドへの関心の高まり
――「観光」&「ブランド」 新聞記事数の推移――

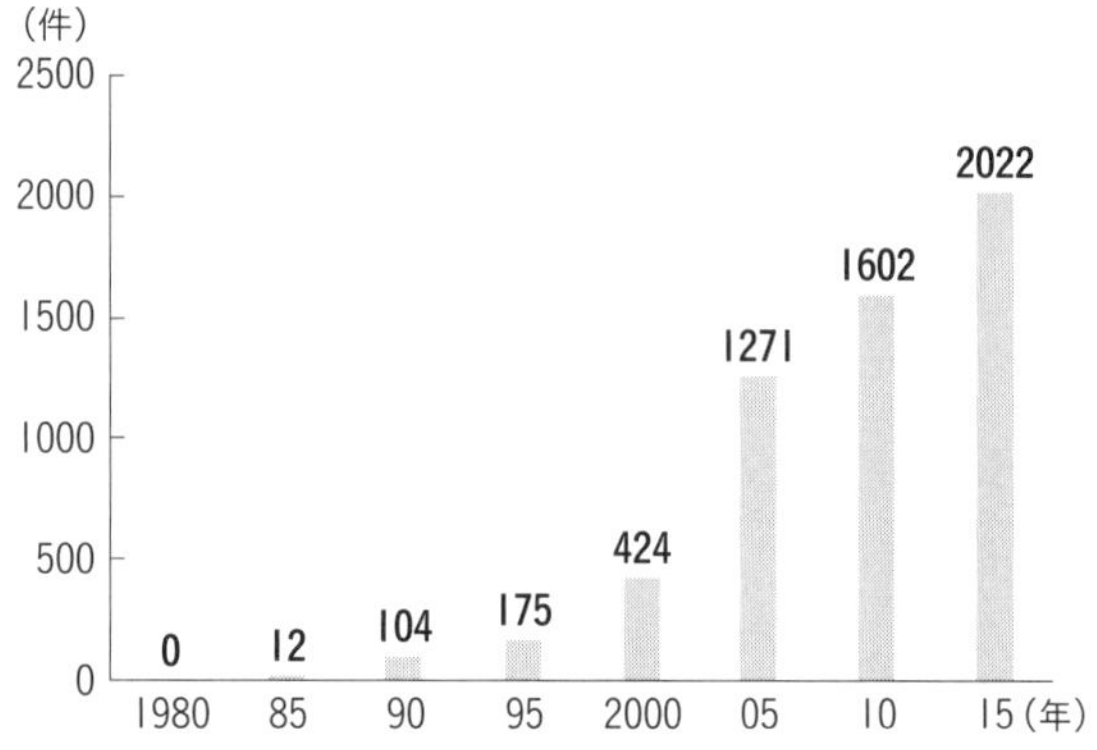

(注) 全国紙5紙に掲載された「観光」と「ブランド」を含む記事数の推移。日経テレコンにて検索

の発想が欠かせない。

では、「観光のブランドづくり」とは、いったい何なのだろうか。どうすれば、強い観光のブランドを生み出すことができるのだろうか。

ここからは、「観光のブランドづくり」について、検討を進めていくことにしよう。

地域は、ブランドになるか

「ブランド」と聞くと、高級・高価なイメージや、ヨーロッパなどのファッション・ブランドを思い浮かべる人が多いが、地域も「ブランド」になるのだろうか。

これを確かめるため、消費者が、「ブランド力のある地域」と聞いたときに、

- 具体的な地名を思い浮かべることができるのか
- 思い浮かべることができるとすると、どの地域を思い浮かべるのか

についてみてみよう。

ここでは、全国の消費者に、次の文章を示し、空欄に自由に地名を入れてもらった。

日本の地域で「ブランド力」があると思う地域は、「　　　」である。

結果は、表２－１に示すとおりだ。

選択肢なしに地名を書いてもらったにもかかわらず、回答者の96％以上が、具体的な地名を記述している。

このことから、「地域もブランドになり得る」ことは明らかだろう。

ブランド力のある地域としては、「京都」をあげる人がもっとも多く、全体の３割を超える。次いで、「北海道」「東京」「沖縄」「大阪」の順になっている。ブランド力のある地域と聞くと、多くの消費者の頭には、このような地名が浮かんでくる。

一方、「ない・分からない・特にない」との回答は、２０００人中72人（３・６％）と少ない。つまり、大部分の消費者の心の中には、「ブランド

表 2-1：日本の地域で「ブランド力」があると思う地域は？

順位	キーワード	出現頻度
1	京都	623
2	北海道	398
3	東京	265
4	沖縄	172
5	大阪	94
6	神戸	48
7	箱根	41
8	横浜	39
9	軽井沢	36
10	熊本	33

（注）選択肢なしに地名を自由に記述してもらった

（出所）全国消費者2000人調査（2017年10月）

として捉える地域が存在している」ということだ。

ブランドは、論理を超える

消費者調査をしてみると、興味深い結果に出合う。たとえば、「長野県」には行きたくないが、長野県の「軽井沢」には行きたい人がいる。

表2−2に示すとおり、長野県に行ってみたいと回答した人は47・9％であるが、軽井沢に行ってみたいと回答した人は、61・6％と6割超だ。

「栃木県」に行きたくないが、「日光」には行きたい人がいる。

栃木県に行ってみたいと回答した人は26・2％であるが、日光に行ってみたいと回答した人は、ほぼ倍の53・1％に上っている。日光は栃木県にあるのに。

「岐阜県」には行きたいと思わないが、「飛騨高山」には行きたい人がいる。岐阜県に行ってみたいと回答した人は37・0％であるが、飛騨高山に行ってみたいと回答した人は、60・0％に上っている。飛騨高山は岐阜県にあるはずだ。

軽井沢、日光、飛騨高山の住所は、それぞれ長野県北佐久郡軽井沢町、栃木県日光市、岐阜県高山市。上記の消費者調査の回答には、明らかに論理的な矛盾がある。

だが、この結果は、ブランド的には十分あり得る。なぜなら、ブランドは論理を超えるか

表 2-2：「行ってみたい」人の割合

（%）

栃木県	26.2	日光	53.1
長野県	47.9	軽井沢	61.6
岐阜県	37.0	飛驒高山	60.0

（出所）全国消費者2000人調査（2017年2月）

図 2-2：ブランドは、論理を超える

らだ。

論理的にみると、軽井沢、日光、飛騨高山は、長野県、栃木県、岐阜県の一部であるが、ブランド的にみると、軽井沢、日光、飛騨高山は、長野県、栃木県、岐阜県を超えている（図2－2）。

「地名」と「ブランド」

おそらく、長野県、栃木県、岐阜県は「地名」だ。一方、軽井沢、日光、飛騨高山は、地名を超えた「ブランド」である。

検索サイトで、それぞれの地域を画像検索してみると、興味深いことが分かる。軽井沢、日光、飛騨高山の画像検索では、その地域ならではの「写真」が検索結果の上位に表示される（図2－3）。

表示される画像をみてみると、地域らしさがあり、ハーモニーを感じる。検索結果の画像をみるだけで、どの地域か分かる人も多いはずだ。

一方、長野、栃木、岐阜の画像検索の結果はどうだろうか。

図2－4のとおり、上位に表示されるのは、「地図」である。

図 2-3：軽井沢、日光、飛騨高山の画像検索結果
——「ならではの写真」が表示される——

「軽井沢」

「日光」

「飛騨高山」

（注）2019年4月19日検索（Yahoo! JAPAN）

図 2-4：長野、栃木、岐阜の画像検索結果
――「地図」が表示される――

「長野」

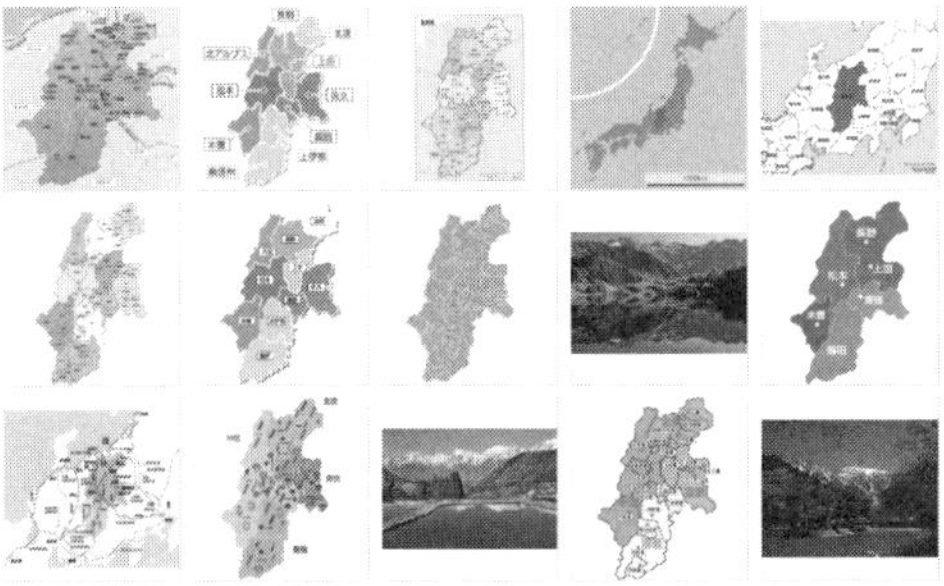

「栃木」

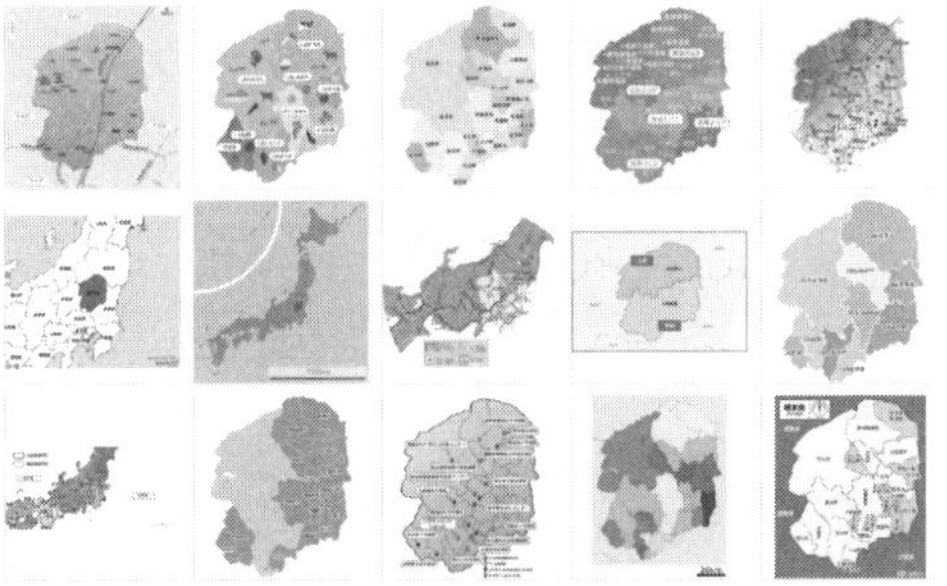

「岐阜」

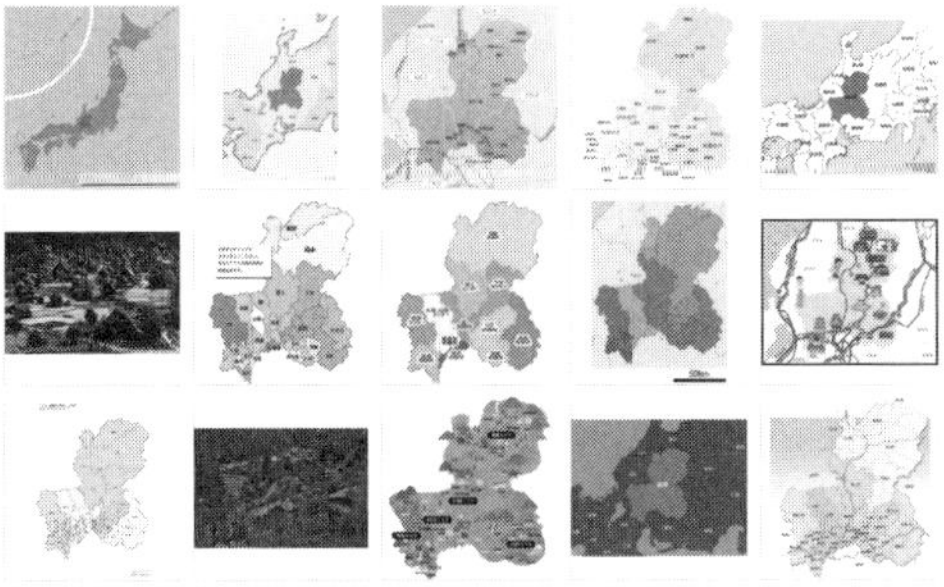

（注）2019年4月19日検索（Yahoo! JAPAN）

一方は、「地域ならではの画像」が表示される（軽井沢、日光、飛騨高山）。もう一方は、「地図」が表示される（長野、栃木、岐阜）。「ブランド」と「地名」との違いを示唆する結果かもしれない。

日本にも、世界にも、名前のついた場所は数えきれないほどあるが、おそらく、その大部分は、「地名」だろう。「ブランド」は、まだ数少ない。

では、どうすれば、単なる「地名」が「ブランド」に変わるのだろうか。

この点について、次章から検討していこう。

第3章

どうすれば、強いブランドが生まれるのか

どうすれば、観光の強いブランドを生み出すことができるのだろうか。この章では、観光における強いブランドを生み出すための方向性を探ることにしよう。

具体的には、消費者調査データを用いて、どのような要因が、地域のブランド力に影響を与えているのかを分析する。

分析の流れは、次のとおりだ。

まず、全国の消費者に、最近、国内観光で訪れた地域を1か所思い浮かべてもらう。次に、その地域の観光に関する諸項目を評価してもらう。その後、その地域の「ブランド力」を評価してもらった。

このように得られたデータを利用して、どのような項目がブランド力に影響しているのかを、統計的に分析した（図3－1）。

具体的な分析手法は、①因子分析（観光地に関す

図3-1：どのような要因が、観光地のブランド力に影響を与えているのだろうか

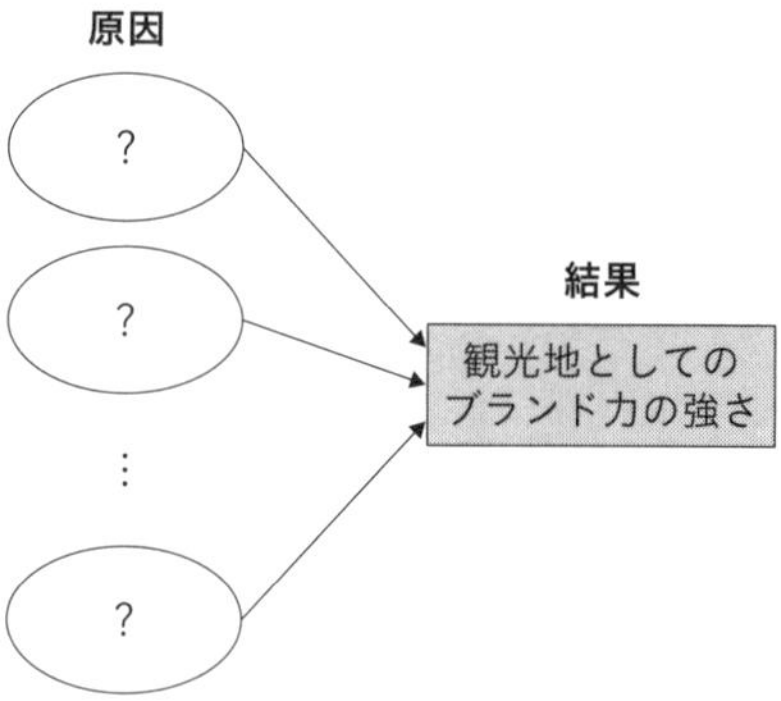

る消費者の評価因子の抽出）、および、②回帰分析（①で抽出された「評価因子」と「ブランド力」との因果関係の分析）である。

消費者は、観光地をどのような側面から評価しているのか

まずは、消費者がどのような側面から、観光に行った地域を評価しているのかを分析した。分析手法は、因子分析という統計手法を用いた。

分析の結果、消費者の観光地の評価軸として抽出されたのは、９つの因子である。観光客は、これらの因子を用いて、訪れた地域を評価しているということだ。

９つの因子は、具体的には、以下のとおりである（表３－１）。

- 「明確なイメージ」
- 「歴史文化」
- 「リラックス」
- 「ならではの食」
- 「低コスト」
- 「交流」

表 3-1：消費者の観光地の評価軸（因子分析結果）

	因子								
	明確なイメージ	歴史文化	リラックス	ならではの食	低コスト	交流	接客	自然	体験
地域のコンセプトは明確	0.7								
地域のイメージは明確	0.7								
「らしさ」のある地域	0.7								
地域の歴史を感じた		0.8							
地域の文化・伝統に触れた		0.8							
教養を深めることができた		0.7							
リラックスできた			0.8						
安らげた			0.8						
癒やされた			0.8						
地域ならではの食に出会えた				0.8					
名物料理があった				0.8					
その地域の食はおいしかった				0.7					
全体的に旅行費用が安かった					0.9				
宿泊費が安かった					0.8				
交通費が安かった					0.8				
地域の人々と交流ができた						0.9			
現地の暮らしに触れた						0.8			
人との出会いがあった						0.7			
接客が快適であった							0.8		
接客が丁寧であった							0.7		
その地域の人々が親切だった							0.6		
豊かな自然があった								0.9	
自然に触れることができた								0.8	
美しい風景があった								0.7	
普段できない体験ができた									0.8
そこでしかできない体験ができた									0.7
新しい体験ができた									0.7

（注）因子抽出は主因子法 を用いた。9因子の累積寄与率は73.6％
　　数字は、因子負荷量。小数点第2位を四捨五入。絶対値が0.4以上を表示
　　変数は、各因子ともに因子負荷量の上位3変数を表示
（出所）全国消費者2000人調査（2017年10月）

「接客」

「自然」

「体験」


では、これらの中で、「地域のブランド力」に影響を与えているのは、どの因子なのだろうか。また、ブランド力に、もっとも大きな影響をもたらす因子は、どれなのだろうか。

引き続き、分析を進めよう。

「明確なイメージ」が、地域のブランド力を決める

観光における地域のブランド力が、どのような要因によって決まってくるのかを把握するため、ここでは、先ほどの分析で抽出された観光地の評価軸（因子）を「説明変数」とし、地域のブランド力を「被説明変数」とする回帰分析を行った。

分析結果は、図3－2のとおりである。

地域のブランド力に、統計的な影響を与えているのは、影響力が大きい順に、次の7つの因子だ。

図 3-2：観光地のブランド力に影響を与える要因

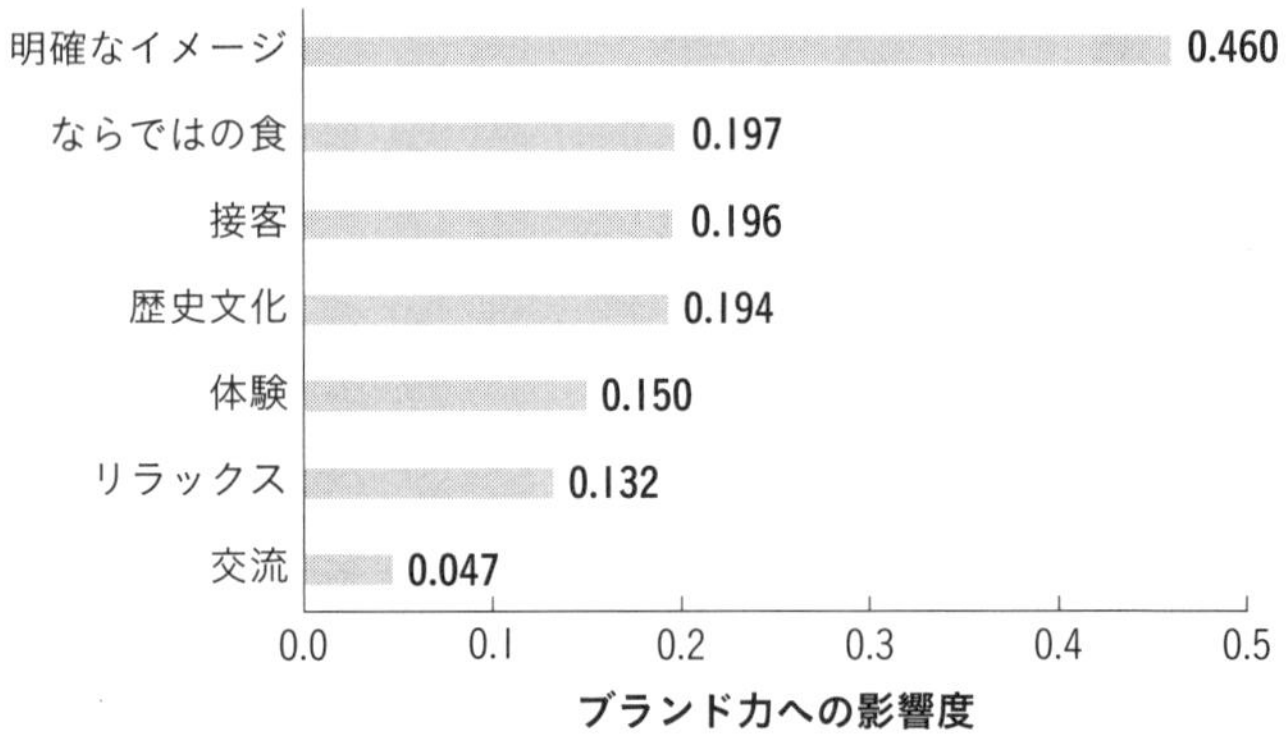

（注）分析方法は、回帰分析（ステップワイズ法）
数字は標準化回帰係数で、「ブランド力」への相対的な影響度を示す
（出所）全国消費者2000人調査（2017年10月）

- 「明確なイメージ」
- 「ならではの食」
- 「接客」
- 「歴史文化」
- 「体験」
- 「リラックス」
- 「交流」

ブランド力にもっとも大きな影響を与えている因子は、「明確なイメージ」である（図3－2）。この図から分かるとおり、「明確なイメージ」がブランド力にもたらす影響度は、他の因子と比較して顕著に高い。

「明確なイメージ」に関わる因子は、具体的には次のような変数（質問項目）から構成されている。

図3-3：イメージの明確性とブランド力
——イメージが明確な地域は、ブランド力が高い——

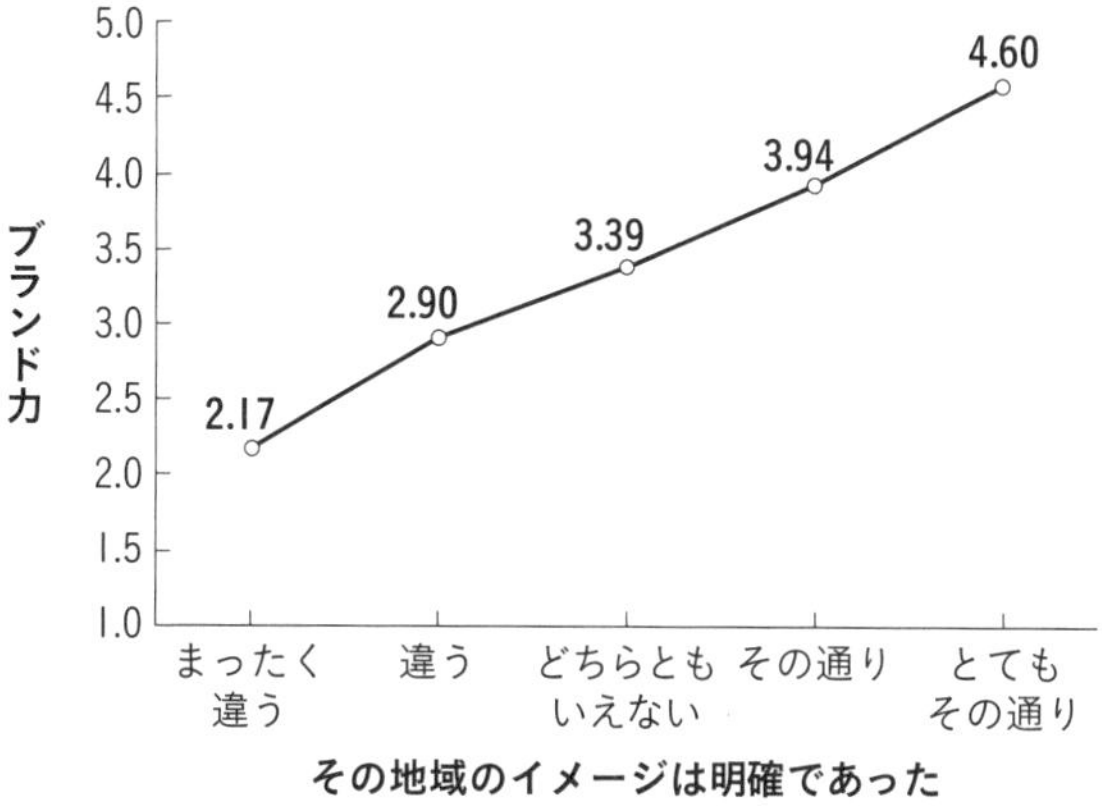

（注）ブランド力は「ブランド力は高いと感じる」（その通り5～違う1の5ポイントスケール）で評価
（出所）全国消費者2000人調査（2017年10月）

- **地域のコンセプトは明確か**
- **地域のイメージは明確か**
- **「らしさ」のある地域か**

つまり、これらの評価を高めていくことが、観光地のブランド力を向上させる最重要ポイントになるということだ。

図3－3をみてほしい。

この図は、「イメージの明確性」と「ブランド力」の関係をみたものである。きれいな右肩上がりの関係になっている。イメージが明確な地域ほど、ブランド力が高いことが、視覚的にも明らかだろう。

次いで、ブランド力に影響を与えているのは、「ならではの食」に関わる因子だ。

図 3-4：ならではの食との出会いとブランド力
――ならではの食に出会える地域は、ブランド力が高い――

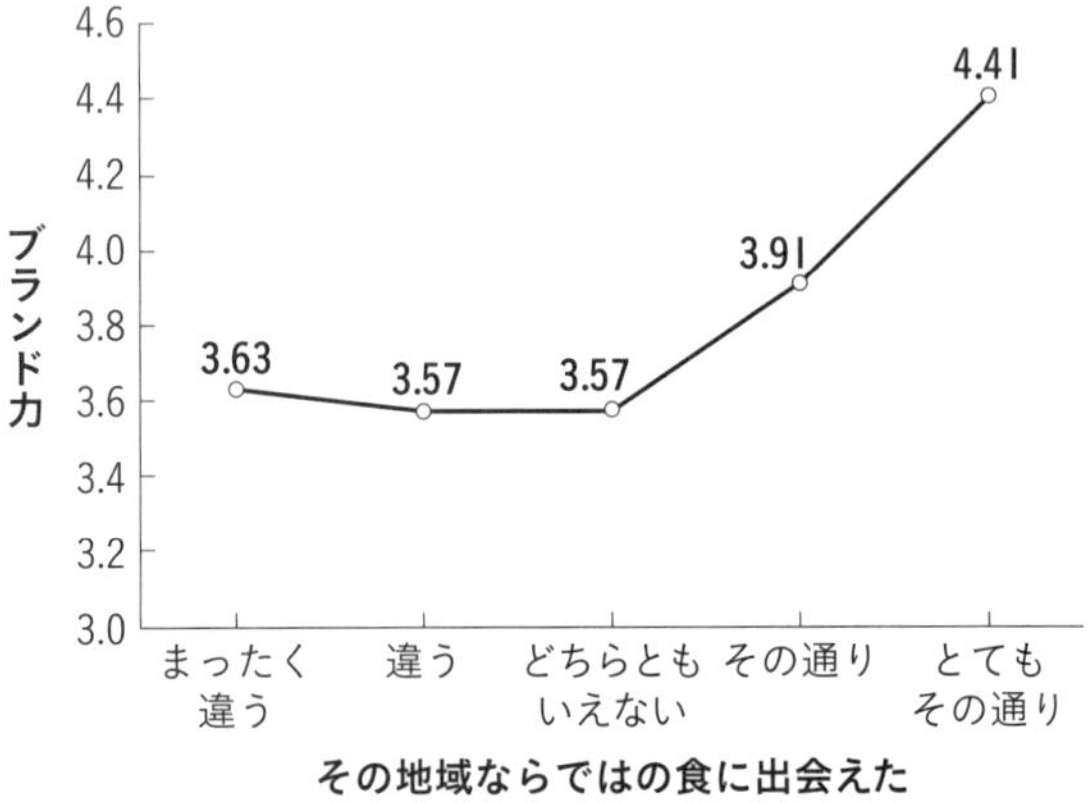

（注）前掲の図3－3と同じ
（出所）全国消費者2000人調査（2017年10月）

地域の食の魅力が、地域のブランド力と密接に関係することが、統計的にも明らかである。

「ならではの食」に関わる因子は、具体的には次のような変数から構成されている（前掲表3－1参照）。

- **地域ならではの食に出会えたか**
- **名物料理があったか**
- **その地域の食はおいしかったか**

これらの項目の評価を高めることが、観光のブランド力に結びつくということだ。たしかに、ブランド力の強い地域には、「名物料理」や「その地域ならではの魅力的な食」が存在している。

図3－4は、「地域ならではの食との出

会い」と「ブランド力」の関係をみたものである。ならではの食に出会うことができる地域ほど、ブランド力が高いことが明らかだろう。

あなたの地域には、「ならではの食」「名物料理」があるだろうか？
観光客が「ならではの食」に出会う場は、十分にあるだろうか？
「食」による地域引力の向上については、第10章で詳しく検討することにしよう。

この他、ブランド力への影響を与えている因子は、「接客」「歴史文化」「体験」「リラックス」「交流」である（前掲図3－2）。

安さで、ブランドはつくれない

一方、今回の分析結果をみると、「低コスト」に関わる因子は、地域のブランド力に有意な影響をもたらしていないことが分かる。宿泊費用や旅行費用の安さといった「低コストの魅力」で、強いブランドをつくることはできないということだ。

「価格の安さで、観光客を引きつけよう」

この発想は危険だろう。安さでは、地域引力は生まれない。「安い」という理由で訪れた観光客は、別の地域が安ければ、そちらに行ってしまう。リピーターになりにくい。「価格で引きつけた顧客は、価格で逃げていく」ということだ。

自然は、どこにでもある

今回の分析結果では、「自然」に関わる因子も、地域のブランド力に統計的に有意な影響をもたらしていないことが明らかになった。

なぜか？

おそらく、自然は、どの地域にもあるからだろう。単に自然が豊富にあるだけで、ブランド力を高めることは難しいということだ。

そもそも、「自然」で勝負しても、日本の大部分の地域は、「北海道」にはかなわないかもしれない。表3－2に示すとおり、圧倒的に多くの消費者は、「自然」と聞くと「北海道」を思い浮かべる。

「自然がいっぱい」

表 3-2：「自然」と聞いたときに思い浮かぶ都道府県

（%）

北海道	71.4	岩手県	0.9
長野県	5.4	富山県	0.9
沖縄県	4.9	群馬県	0.8
青森県	1.8	秋田県	0.7
鹿児島県	1.8	東京都	0.7

（出所）全国消費者2000人調査（2017年10月）

「自然豊かな街」

こうPRをしている多くの地域が、集客に苦戦しているのは、今述べたような理由があるはずだ。

そもそも、自然があるだけでは、地域にお金は落ちない。もちろん、自然は、地域にとって大切な観光資源だ。地域引力を生み出すためには、自然単独で訴求するのではなく、

「自然×明確なイメージ」
……インパクトと独自性のある自然景観
「自然×食」
……地域の農産物など、自然の恵みの食事
「自然×歴史文化」
……自然と歴史文化との関連の学び
「自然×リラックス」
……自然の中で、リラックス
「自然×交流」

……自然の中で、人々と交流

「自然×体験」

……自然に触れ合う体験イベント

といった、〝掛け算〟の発想が必要になるだろう。

第4章

イメージが浮かばなければ、選ばれない

前章の分析結果から、「明確なイメージ」が、地域のブランド力に、もっとも大きな影響を与えていることが分かった。

地域のブランドは、その地名を聞いたときに、消費者の心のスクリーンに浮かぶイメージである。ブランドは、売り手の頭の中にあるのではなく、買い手の心の中にあるということだ。

この章では、47都道府県を事例として、「イメージ」と「地域引力」の間に、どのような関係があるのかを具体的にみていくことにしよう。

「イメージ」と「地域引力」の関係

全国の消費者に、47の都道府県名を示し、次の2つの質問を行った。

> **Q　その都道府県名を聞いたときに、「具体的なイメージ・映像」が浮かびますか？**
>
> **Q　その都道府県に観光に行ってみたいと思いますか？**

①②の回答を集計したものが、図4－1、図4－2のグラフである。地域数が47と多いので、グラフは東日本と西日本の2つに分けて表示している。

図 4-1：「イメージが浮かばない」と「行きたい」の関係

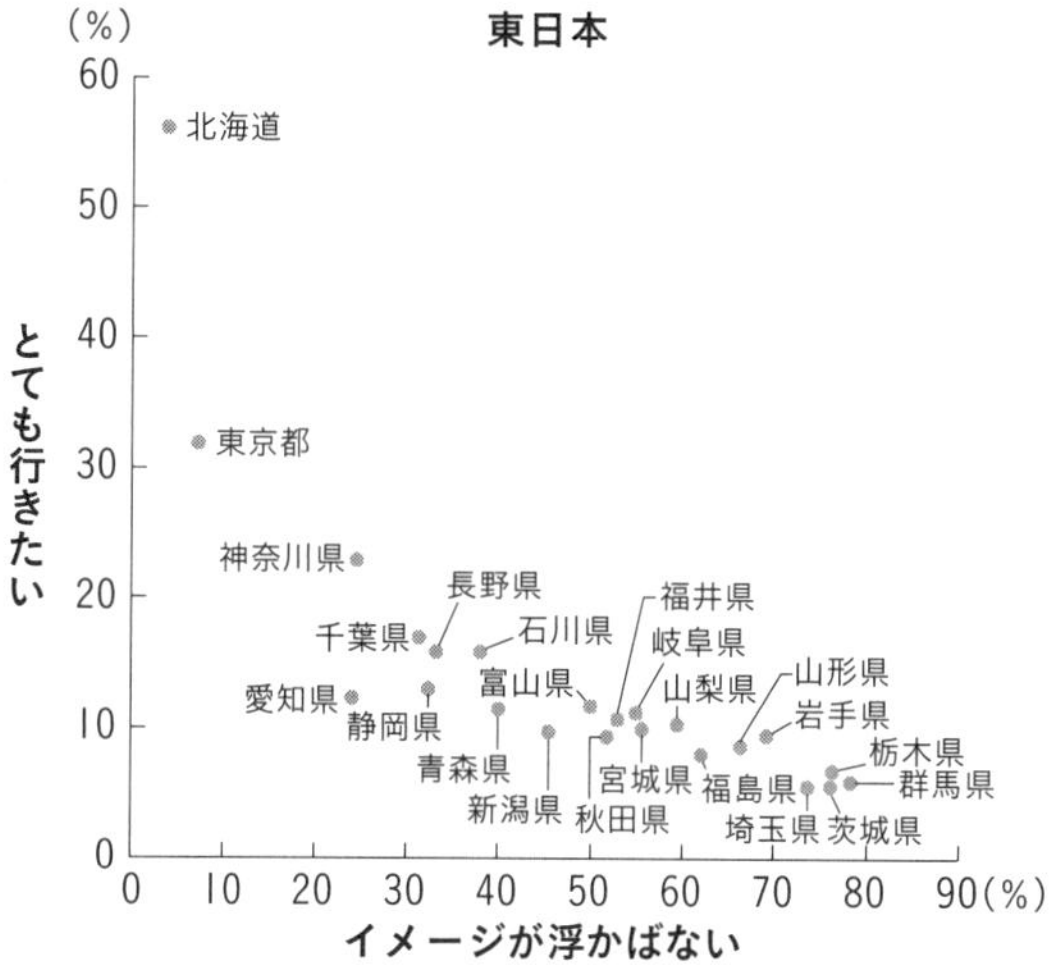

図 4-2：「イメージが浮かばない」と「行きたい」の関係

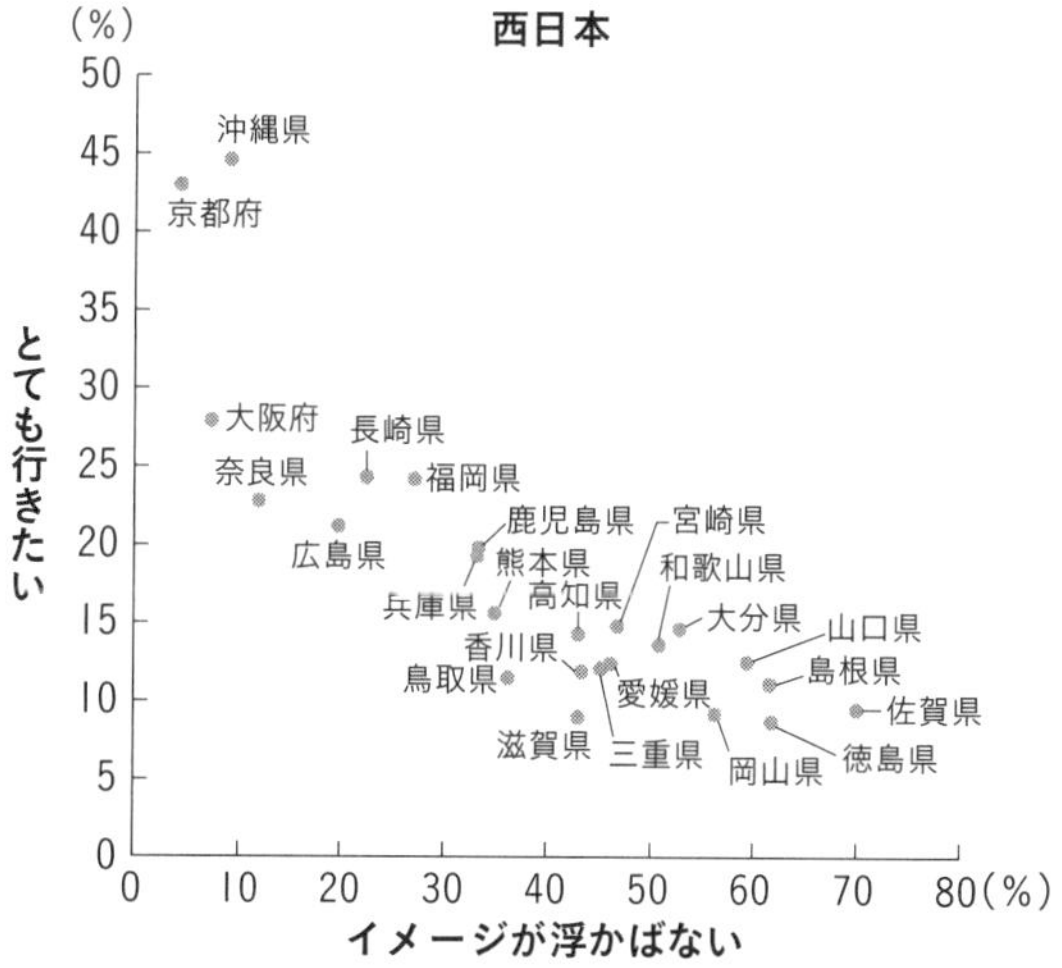

（出所）全国消費者2000人調査（2017年10月）

図の横軸は、「イメージが浮かばない」回答者の比率である。縦軸は、「観光に行ってみたい」回答者の比率である。

この2つの図をみると、両図ともに、「右肩下がり」（負の相関関係）になっている。

この関係は、非常に重要な結果だ。そう、この図は、「イメージが浮かばなければ、選ばれない」ということを教えてくれる。

なぜ、人々は「京都」に行きたいと思うのか？

それは、京都という地名を聞いたときに、具体的なイメージが浮かぶからである。

なぜ、人々は「北海道」に行きたいと思うのか？

それは、北海道という地名を聞いたときに、具体的なイメージが浮かぶからである。

あなたがブランドづくりを考えている地域はどうだろう。ターゲットとする人々が、その地名を聞いたときに、具体的なイメージを浮かべることができるだろうか？

もし、イメージが浮かべば、選ばれる可能性が高い。イメージが浮かばなければ、選ばれることはないだろう。

そこにいる自分をイメージできるか

「リパ」に観光に行きたいですか？
「南海道」に観光に行きたいですか？

こう聞かれたら、多くの人は答えに詰まってしまうはずだ。行きたい気持ちも喚起されないだろう。

なぜなら、「リパ」「南海道」と聞いても、イメージが浮かばないからだ。地域のイメージが浮かばなければ、そこに観光に行っている自分自身の姿がイメージできない。

「パリ」に観光に行きたいですか？
「北海道」に観光に行きたいですか？

こう聞かれると、今度は、心が動く人がいるはずだ。「行きたい気持ち」が喚起された人も多いだろう。なぜなら、「パリ」「北海道」と聞くと、具体的なイメージが心の中に浮かぶからである。

◎「いろいろ」という色はない

「いろいろな観光資源があります」
「いろいろと素晴らしいものがあります」
「見どころが、たっぷりあります」
「たくさん魅力があります」
「自然がたくさんあります」
「景観百選に選定されています」

このような言葉を、地域の観光関係の人から聞くことが多い。だが、ここまでの議論から、こういった言葉は、観光のブランドづくりにおいて、「NGワード」であることが分かるはずだ。

「いろいろ」「たくさん」「たっぷり」は、どれも総花的な言葉である。これらの言葉を聞いても、具体的なイメージが浮かばない。

「いろいろ」という色はないし、「総花」という花はない。

今は、「百（いろいろ）」よりも「一」の時代だ。かつて、小売業の雄であった百貨店の業況が、今日、厳しい理由も、「百貨」だからだろう。

花であれば、「いろいろな種類の花が咲く花畑」よりも、「一面が黄色に染まる、ひまわり畑」の方が引力は強い。ブランドになるのは、「百花繚乱」ではなく、「一花繚乱」だ。

売り手側は、「いろいろある方がよい」「たくさんあればよい」「多ければ、多いほどよい」と思いがちであるが、消費者側の認識は、逆だ。

「いろいろある」「たくさんある」と聞いても、いったい何が魅力なのか分からない。観光のブランドづくりにおいて、「いろいろある」「たくさんある」は、何もないことと、ほぼ同義である。

足し算すればするほど、イメージは薄くなる

「おいしいご飯も、美しい自然も、きれいな景色もあります」

このように、長所を列挙するタイプのＰＲが、なぜ、人に響きにくいのかも分かるだろう。

「Ａもあります、Ｂもあります、Ｃもあります……」と「足し算」すればするほど、イメージは薄まってしまう。買い手の心の中に、具体的なイメージが浮かばなければ、地域引力は生まれない。

同様に、「特産品の詰め合わせセット」や「幕の内弁当の地方版」がブランドにならないのも、「足し算」だからだ。

駅弁のランキングをみても、その上位にくるのは、「幕の内弁当」ではない。「あなごめし」「鯵の押し寿司」「ウニ飯」「シューマイ弁当」「牛肉弁当」「いかめし」など、どれも〝一品物〟だ。

イメージが浮かぶ言葉を選ぼう

キャッチコピーやスローガンをつくるときも、抽象的な表現ではなく、具体的なイメージが浮かぶ表現を利用しよう。

たとえば、「美しい地域」といったキャッチコピーは、NGだ。単に「美しい」と聞いても、街並みが美しいのか、海が美しいのか、山が美しいのか、夕陽が美しいのか、いったい何が美しいのかが分からない。イメージも浮かばない。

そもそも、「美しい地域」は、日本にも世界にも、たくさん存在する。ちなみに、検索サイトで、「美しい地域」を検索してみると、何と8億6000万件もヒットする（図4－3）。この中から、選ばれるのは至難の業だろう。

地域引力を生み出すためには、具体的に、何で美しいのかを訴求し、ターゲットとなる

図4-3：「美しい地域」の検索結果
——8億6000万件ヒット——

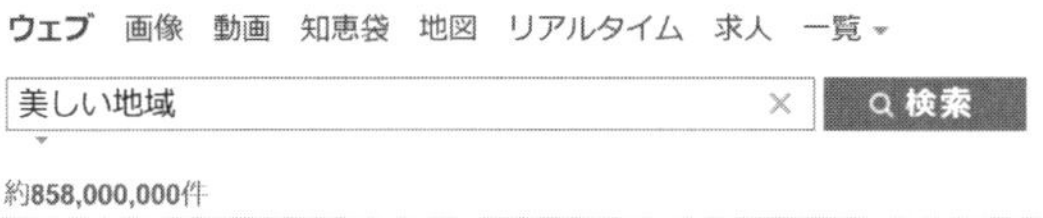

（注）2019年4月25日検索（Yahoo! JAPAN）

人々の心に明確なイメージが浮かぶようにする必要がある。

たとえば、

- 「いろいろな花がたくさん咲くまち」ではなく、「一面にラベンダーが咲くまち」
- 「飲み物のまち」ではなく、「お茶のまち」
- 「食の県」ではなく、「うどん県」
- 「水のまち」ではなく、「無色透明の清流のまち」

いずれも、前者よりも、後者に「引力」を感じる人が多いはずだ。

「知名度」と「ブランド」は違う

観光振興の現場で、担当者から、次のような声を聞くことがある。

「ブランド化のために、まずは知名度を高めよう」「知名度を高めれば、客は来るはずだ」

この発想は、正しいだろうか。

表4－1をみてほしい。先ほどの調査（前掲図4－1、2）において、「イメージが浮かばない」比率の上位5地域と下位5地域をピックアップしたものだ。「イメージが浮かばない」比率の上位5地域をみると、順に「群馬県」「栃木県」「茨城県」「埼玉県」「佐賀県」となっている。

では、「群馬県」「栃木県」「茨城県」「埼玉県」「佐賀県」という地名を、まったく聞いたことがない人はいるだろうか。

おそらく、いないはずだ。「群馬県」「栃木県」「茨城県」「埼玉県」「佐賀県」のいずれも、その知名度は、ほぼ100％だろう。

だが、前掲の図4－1、2に示したとおり、これらの地域に「とても行きたい」人は少ない。地域引力は、乏しいということだ。この結果から、「知名度」と「ブランド力」がイコールでないことは明らかだろう。

表4-1：「イメージが浮かばない地域」と「イメージが浮かぶ地域」

イメージが浮かばない比率「上位」			イメージが浮かばない比率「下位」		
1	群馬県	78.3	1	北海道	3.9
2	栃木県	76.3	2	京都府	4.3
3	茨城県	76.2	3	東京都	7.1
4	埼玉県	73.5	4	大阪府	7.3
5	佐賀県	70.0	5	沖縄県	9.0

（注）数字は、地名を聞いたときにイメージが浮かばない人の比率（%）
（出所）全国消費者2000人調査（2017年10月）

知名度 ≠ ブランド

ブランドは、知名度を超える概念だ。あなたにも、「名前は知っているけど、とくに行きたいと思わない地域」はたくさんあるだろう。

群馬、栃木、茨城、埼玉、佐賀は、「ブランド」ではなく、「地名」である。

続いて、「イメージが浮かばない」比率の下位5地域（つまり、イメージが浮かぶ上位地域）をみてみよう。順に「北海道」「京都府」「東京都」「大阪府」「沖縄県」となっている（表4－1）。

この5地域は、第2章の表2－1に示した「消費者が、ブランド力があると思う地域」の上位5地域と完全に一致している。強いブランドは、名前を聞いただけで、イメージが浮かぶということだ。

イメージが浮かぶ ＝ ブランド

北海道、京都、東京、大阪、沖縄は、「地名」ではなく、「ブランド」である。

ノー・イメージ、ノー・ビジット

「イメージが浮かばなければ、選ばれない」という法則は、外国人にも当てはまるのだろうか。

ここでは、「アメリカ人」「イギリス人」「オーストラリア人」「シンガポール人」「台湾人」に実施した調査結果をみてみよう。

質問は、日本人に対する調査と同様、次のとおりである。

Q　その地名を聞いたときに、「具体的なイメージ・映像」が浮かびますか？
Q　その地域に観光に行ってみたいと思いますか？

具体的には、北海道、東京、大阪、京都、沖縄、埼玉、茨城、佐賀の8地域について聞いてみた。

結果は、図4－4に示したとおりである。

図4-4：「イメージが浮かばない」と「行きたい」の関係
――外国人を対象とした調査結果――

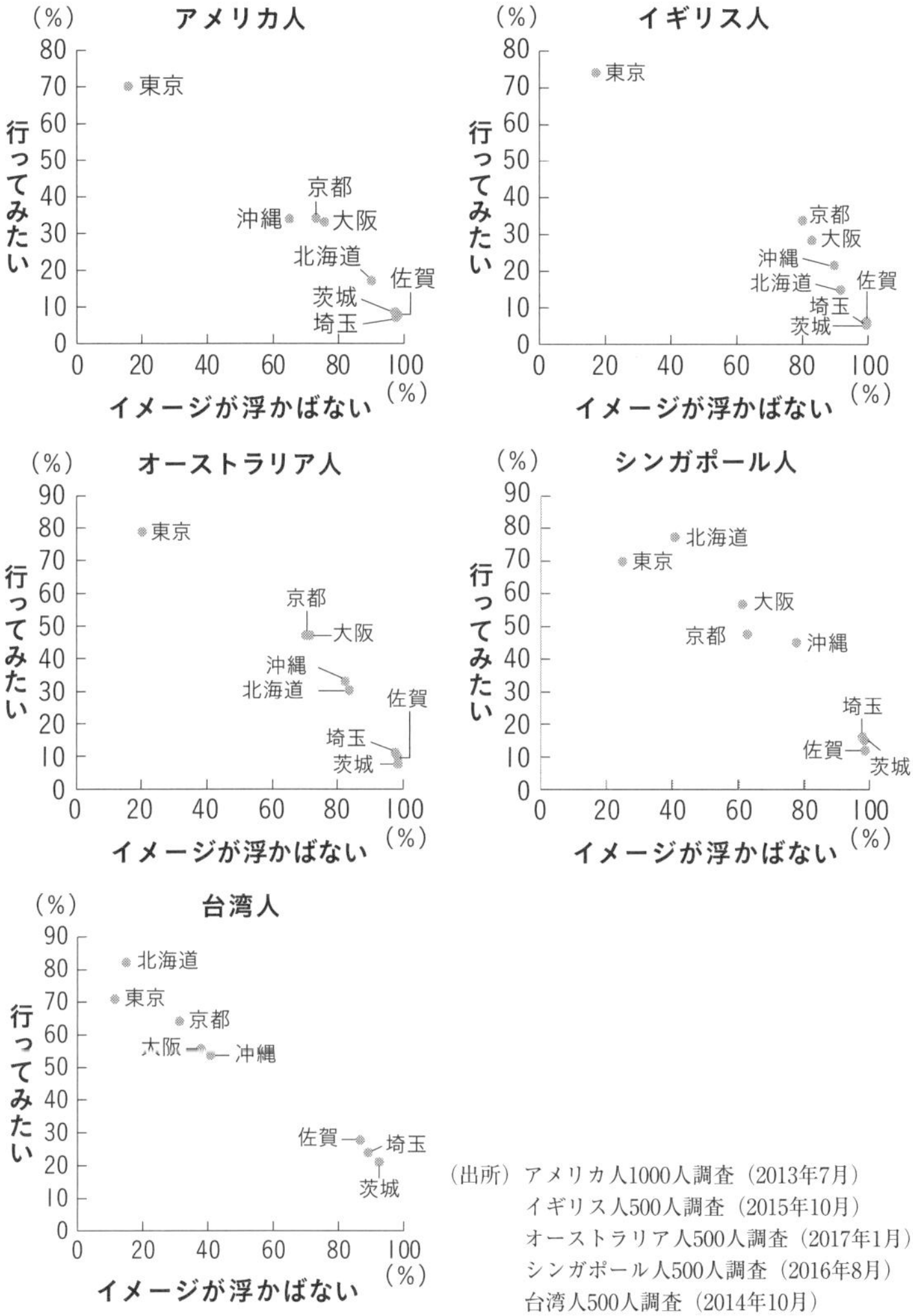

（出所）アメリカ人1000人調査（2013年7月）
イギリス人500人調査（2015年10月）
オーストラリア人500人調査（2017年1月）
シンガポール人500人調査（2016年8月）
台湾人500人調査（2014年10月）

「イメージが浮かばない」と「行ってみたい」との間に、右肩下がりの関係（負の相関関係）があることが明らかである。

インバウンド（訪日外国人）観光においても、「イメージが浮かばなければ、選ばれない」法則は成り立つということだ。

この結果をみれば、なぜ、訪日するアメリカ人やイギリス人の多くが「東京」を選ぶのか、なぜ、シンガポール人や台湾人に、「北海道」の人気が高いのかなども分かるだろう。

では、どうすれば、消費者の心に明確なイメージが浮かぶようになるのか。この点については、第6章以降で検討していくことにしよう。

第5章

「ブランド」と「地名」は何が違うのか

全国には、47の都道府県と1700を超える市町村がある。はたして、その中に「ブランド」はいくつあるだろうか。

ここまでの検討を踏まえて、その地域が「ブランド」か、もしくは、単なる「地名」なのかを判断するシンプルな方法を紹介しよう。

さて、あなたの地元は、「ブランド」か「地名」のどちらだろうか。

判断方法1　地名を聞いたときに、イメージが浮かぶか

2つの質問で、その地域がブランドなのか単なる地名かを、おおむね判断できる。次の質問を、ターゲットとなる消費者に聞いてみよう。

Q　地名を聞いたときに、イメージが浮かびますか?

Q　そのイメージは、あなたにとって魅力的ですか?

いずれの質問の答えも「イエス」であれば、その消費者にとって、その地域はブランドである。

ターゲットとなる消費者の心の中に、イメージが浮かぶということは、その地域に「独自

図5-1：「ブランド」か「地名」かの判断方法

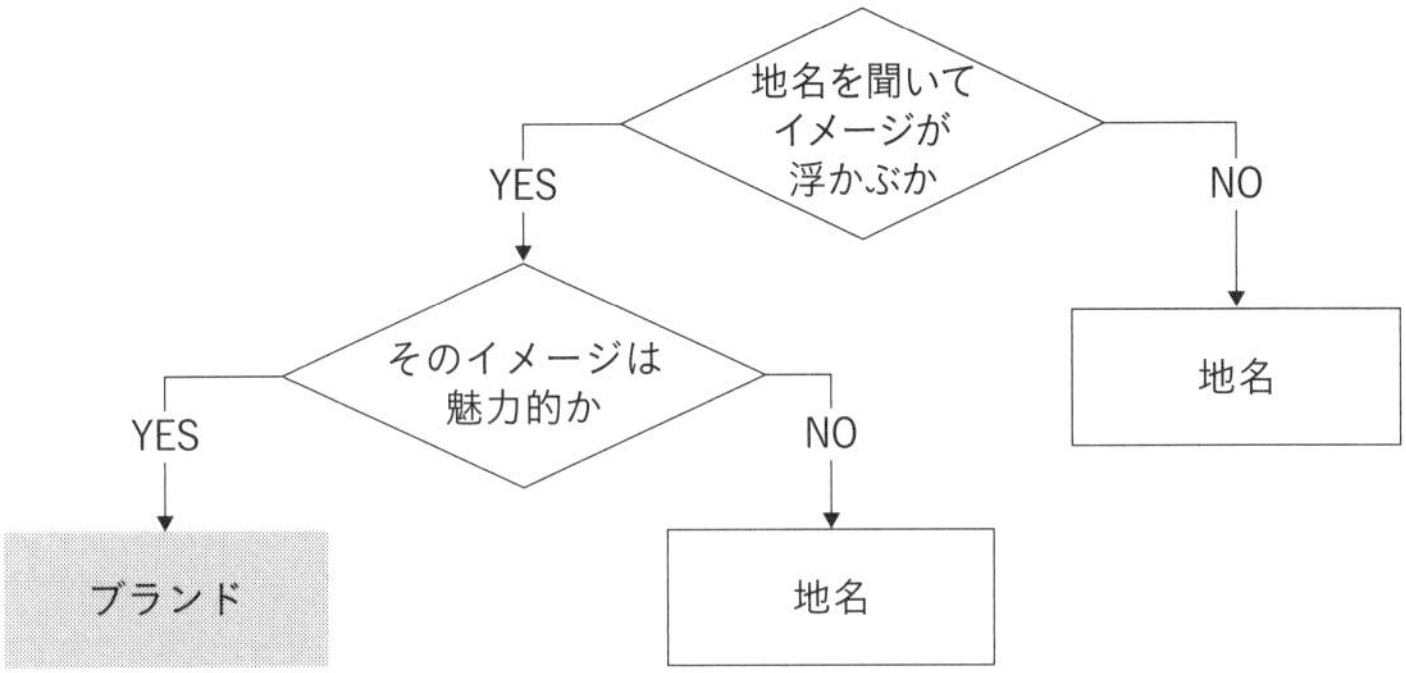

性」があるということを示唆している。他のどこの地域とも同じであれば、具体的なイメージが浮かぶことはないからだ。

「独自のイメージが、消費者の心の中に存在し、それが消費者にとって魅力がある」

これがブランドの条件だ。

いずれかの質問の答えが「ノー」であれば、その地域は「ブランド」ではなく、「地名」だろう（図5－1）。観光客を引きつけるためには、地域引力を向上させ、ブランド力を高めることが必要である。

判断方法2 「そうだ ○○、行こう」に地名を入れてみる

「そうだ 京都、行こう。」のキャッチコピーが、なぜ、成り立つのだろうか。

それは、京都と聞いたときに、京都のイメージが人々の心のスクリーンに浮かぶからだ。


「そうだ 北海道、行こう。」

「そうだ 沖縄、行こう。」


こういうキャンペーンがあったとしても、多くの人は、不自然に感じないはずだ。なぜなら、消費者の心の中に、北海道や沖縄のイメージが存在しているからである。おそらく、「そうだ パリ、行こう。」「そうだ ハワイ、行こう。」も成り立つだろう。

では、

「そうだ 埼玉、行こう。」

「そうだ 栃木、行こう。」


はどうだろうか。

なんとなく違和感がある人が多いかもしれない。

「そうだ（　　地名　　）、行こう。」

カッコの中に、あなたがブランドづくりを検討している地名を入れてみよう。ターゲットとなる消費者が、その文章をみたときに、心が動くか、共感できるか、行きたい気持ちが喚起されるだろうか。

もし、そうならば、その地域は「ブランド」である。そうでなければ、ただの「地名」だ。

判断方法3　「らしさ」を言語化できるか

次の空欄に言葉を入れてみよう。どうしても、言葉が思い浮かばないときは、「とくにない」と入れてほしい。

- **京都らしさ　＝　［　　　　］**
- **北海道らしさ　＝　［　　　　］**

埼玉らしさ＝□
栃木らしさ＝□

消費者調査の結果は、表5－1のとおりである。

驚くべきは、京都、北海道ともに、95％の人が「京都らしさ」「北海道らしさ」を、具体的な言葉で表現できるということである。

「京都らしさ」をみてみると、「歴史」がもっとも多く、「寺・寺院・寺社」「神社・仏閣」「古都」が続いている。

「北海道らしさ」は、「自然・大自然」がもっとも多く、「広大・広い」「海鮮・海産物・海の幸」「食べ物・食・食事・食材」が続いている。

この結果をみると、百貨店などの物産展で、なぜ、「北海道物産展」がもっとも人を集めるのかが分かるだろう（表5－2）。北海道と聞くだけで、「食」や「おいしい」といったイメージが浮かんでくるからだ。

一方、「埼玉らしさ」「栃木らしさ」はどうだろうか。

両地域ともに、もっとも多い回答は「とくにない」である。いずれの地域も、ほぼ半数の人が「らしさ」を言葉で表現できていない（前掲表5－1）。

埼玉らしさの第三位は、「東京」だ。

表5-1：地域らしさ　＝　〇〇

京都らしさ

順位	キーワード	出現頻度
1	歴史	605
2	寺・寺院・寺社	390
3	神社・仏閣	257
4	古都	186
5	街並み・建造物	113
6	伝統・文化	102
7	とくにない	98
8	古い・古風	74
9	舞妓	54
10	はんなり	30

（注）選択肢なしに言葉を自由に記述してもらった
同義語・類語は集約した
（出所）全国消費者2000人調査（2017年10月）

北海道らしさ

順位	キーワード	出現頻度
1	自然・大自然	903
2	広大・広い	237
3	海鮮・海産物・海の幸	160
4	食べ物・食・食事・食材	130
5	雄大・壮大	122
6	雪・雪景色	119
7	とくにない	113
8	おいしい・グルメ	107
9	大地	66
10	牧場・酪農・牛・牛乳・乳製品	56

（注）選択肢なしに言葉を自由に記述してもらった
同義語・類語は集約した
（出所）全国消費者2000人調査（2017年10月）

埼玉らしさ

順位	キーワード	出現頻度
1	とくにない	1129
2	田舎	68
3	東京	52
4	ベッドタウン	46
5	都会	44
6	秩父	42
7	近い	33
8	さいたまスーパーアリーナ	30
9	サッカー	27
9	川越	27

（注）選択肢なしに言葉を自由に記述してもらった
同義語・類語は集約した
（出所）全国消費者2000人調査（2017年10月）

栃木らしさ

順位	キーワード	出現頻度
1	とくにない	868
2	日光	243
3	餃子	191
4	田舎	137
5	自然	77
6	イチゴ	64
7	東照宮	49
8	温泉	32
9	訛り・方言	27
10	山	25

（注）選択肢なしに言葉を自由に記述してもらった
同義語・類語は集約した
（出所）全国消費者2000人調査（2017年10月）

表 5-2：どの地域の物産展に行きたいですか

順位	キーワード	出現頻度
1	北海道	509
2	沖縄	49
3	九州	30
4	京都	22
5	東京	9
6	東北	8
7	福岡	5
7	青森	5
7	北陸	5
10	鹿児島	4

（出所）全国消費者1000人調査（2018年5月）

栃木らしさの第二位は「日光」である。既述の「栃木は地名、日光はブランド」という話と整合する結果かもしれない。

「（　地名　）＋　らしさ　」とは何ですか？

ここに、ブランドづくりを考えている地域の名前を入れてみよう。

ターゲットとする消費者に聞いてみたときに、「らしさ」を言語化できれば、ブランドである。誰もが言葉に詰まってしまうならば、それは、ブランドではなく、ただの「地名」だ。

ブランドづくりは、「らしさ」の追求である。

第6章

地域に「尖り」はあるか

消費者の心のスクリーンに地域のイメージが浮かべば、引力が生まれる。浮かばなければ、引力は生まれない。

では、どうすれば、消費者の心に地域のイメージが浮かぶようになるのだろうか。

強いブランドには、尖りがある

一つは、「尖り」をつくることだ。「尖り」があれば、消費者の心に刺さりやすくなり、地域引力が生まれる。

図6－1をみてみよう。

これは、「京都」「北海道」「沖縄」「東京」「栃木」「佐賀」「茨城」の7地域を事例として、地域のイメージの偏差値を計算した結果である。

まずは、図6－1・その1（「京都」「北海道」「沖縄」「東京」）をみてほしい。

それぞれの地域が、どこかで尖っていて、その尖りが、他の地域とかぶっていないことが分かるだろう。

京都は、「伝統」で尖っている。北海道は、「おいしい」で尖っている。沖縄は、「海」で尖っている。東京は、「活気」で尖っている。

次に、図6－1・その2（「栃木」「佐賀」「茨城」）をみてみよう。

図 6-1：地域イメージの偏差値

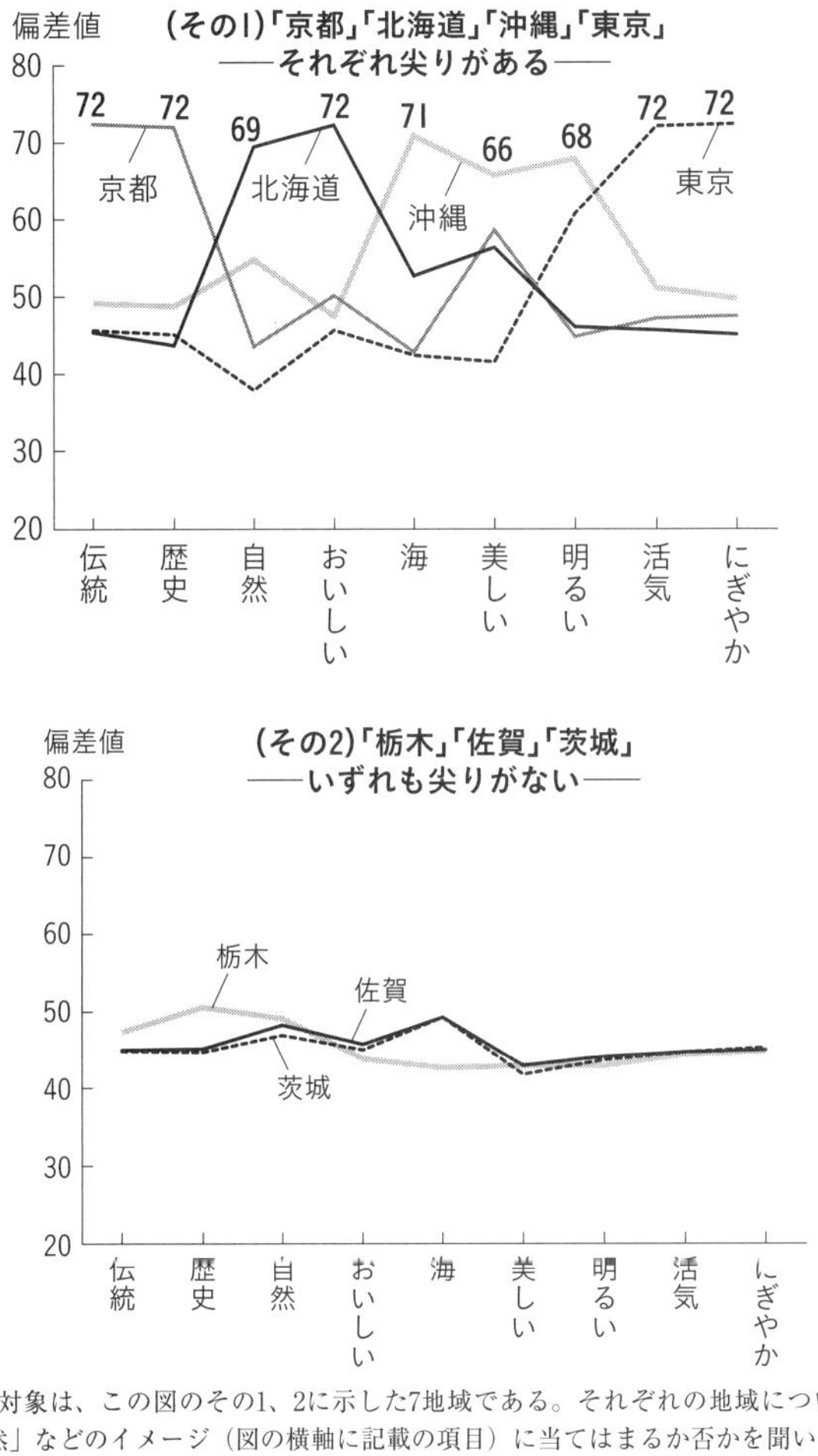

(注) 分析対象は、この図のその1、2に示した7地域である。それぞれの地域について、「伝統」「自然」などのイメージ（図の横軸に記載の項目）に当てはまるか否かを聞いた。当てはまると回答した消費者の比率を原データとし、偏差値を算出した。
(出所) 全国消費者1000人調査（2018年11月）

いずれの地域も尖りがない。ほぼ平面であり、すべての地域が完全にかぶっている。

尖りの集合が「多様性」

地域がブランドになるためには、どこか一つでいい、他の地域にない、尖りをつくることが必要だ。

個性ある「尖る地域」が増えることによって、国全体としての「多様性」も生まれる。尖りがある地域が増えることは、国民の観光旅行の促進や、一部のブランド観光地への顧客集中の解消にもつながるはずだ。

一方で、平面がいくつ集まっても、平面のままだ。多様性は生まれない。どこを切っても同じ模様が出てくる「金太郎あめ」のような国では、観光は促進されないだろう（図6−2）。

あなたがブランドづくりを考えている地域の尖りは、どこにあるだろうか？

図6-2：尖る地域の集合が「多様性」

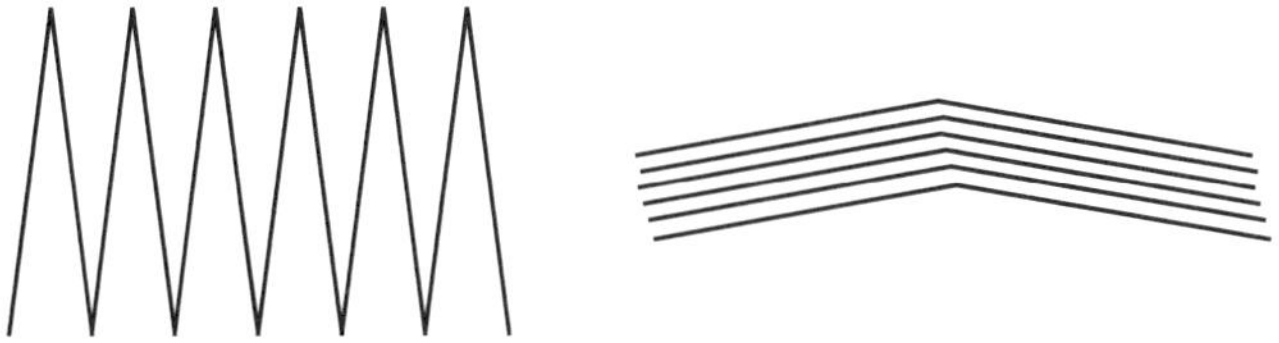

小さな地域ほど、尖りが大切

とくに、小さな地域には、尖りが欠かせない。我が国の市区町村の8割以上は、人口が10万人に満たない小さな地域だ。

総合性で勝負すれば、大きな地域が圧倒的に優位だが、個性で競争すれば、規模の大小は関係ない。むしろ、小さな地域の方が尖りやすく、個性を出しやすい。

図6－3をみてほしい。

地域の個性と観光客満足度の関係をみたものだ。地域の個性が、観光客の満足度に結びつくことが明らかである。

「尖る」という漢字をじっくりみてみよう。尖。「大」の上に「小」が乗っている。小さな地域が、大きな地域を超えるには、尖りが欠かせないということを、この字が教えてくれている。

図6-3：地域の個性と観光客満足度の関係

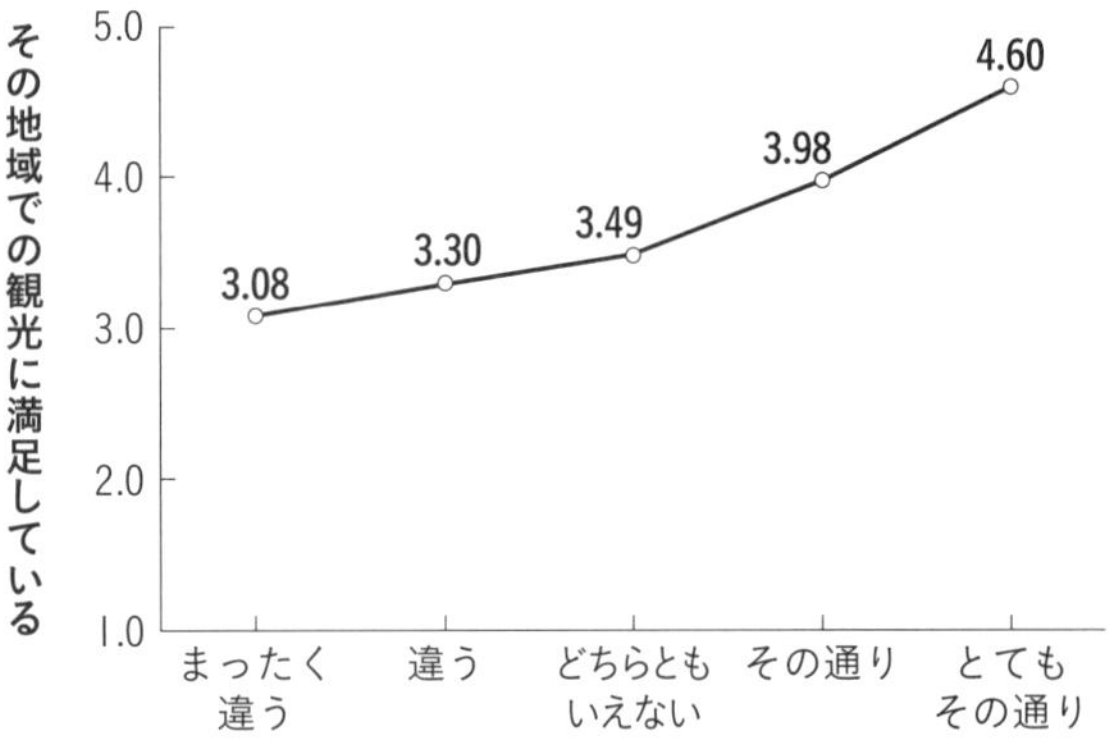

(注) 満足度は、5ポイントスケールで評価
(出所) 全国消費者2000人調査 (2017年10月)

「ヨコ展開」で、ブランドは生まれない

観光関連のプロジェクトで新たな提案をすると、「成功事例はあるのか?」「前例はあるのか?」と問われることがある。

だが、ブランドづくりにおいて、この質問自体が誤りかもしれない。

ブランドづくりは、「前例がないからやらない」ではなくて、「前例がないからやる」という発想が大切だ。

成功事例の真似をしても、成功事例にはかなわない。ブランドづくりで大切なのは、独自性だ。二番煎じでは、ブランドは生まれない。

「成功事例を視察して、ブランド力を高めよう」
「成功事例のヨコ展開」

観光施策の現場で、こういった言葉を聞くことが多い。ある観光地が、成功事例として話題になると、皆がこぞって、その地域に視察に行く。

しかしながら、視察先の真似をして、強いブランドが生まれたケースはあるだろうか。

そもそも、ブランドづくりで、成功事例の「ヨコ展開」はあり得ない。「ヨコ展開」ができるということは、真似されやすいということだ。

同じことをやれば、競争になる。「ヨコ展開」の行き着く先は、熾烈な地域間競争だ。似たような地域がいくつあっても、国全体としての引力は強くならない。

成功事例の視察に行くなら、「やり方」を真似るためではなく、その底流にある「考え方」を学ぶ、もしくは、その地域にできなくて、自分の地域にできることを探すために行くといった意識が必要だろう。

表面を真似たところで、ブランドは生まれない。

「地域」は、歴史、文化、自然、地域資源、組織、住民などの集合体である。「モノ」と異なり、「地域」はゼロからつくることができないし、つくり直すこともできない。

だからこそ、足元を見つめること、地元に徹底的にこだわること、既にそこにある魅力を掘り起こし、それを磨くことが重要になる。

ブランドづくりの種は、「視察先」にあるのではない。自らの「足元」にある。


「視察するのではなく、視察される。視察されても、真似できない」

これが、強いブランドだ。

尖るために、何かを絞る

「尖り」が、地域引力を生み出してくれる。では、どうすれば、尖ることができるのだろうか？　以下、この点について検討していこう。

尖るための、第一のキーワードは、「絞る」だ。

図6－4をみてほしい。尖るためには、何かを絞らなくてはならないことが分かるはずだ。「あれもこれも」では、尖れない。

この図から、絞ることによって、「広さ」が「深さ」に転換することも、イメージできるだろう。ブランドは「広さ」の勝負ではない。「深さ」の勝負だ。

図6-4：尖るために、絞る

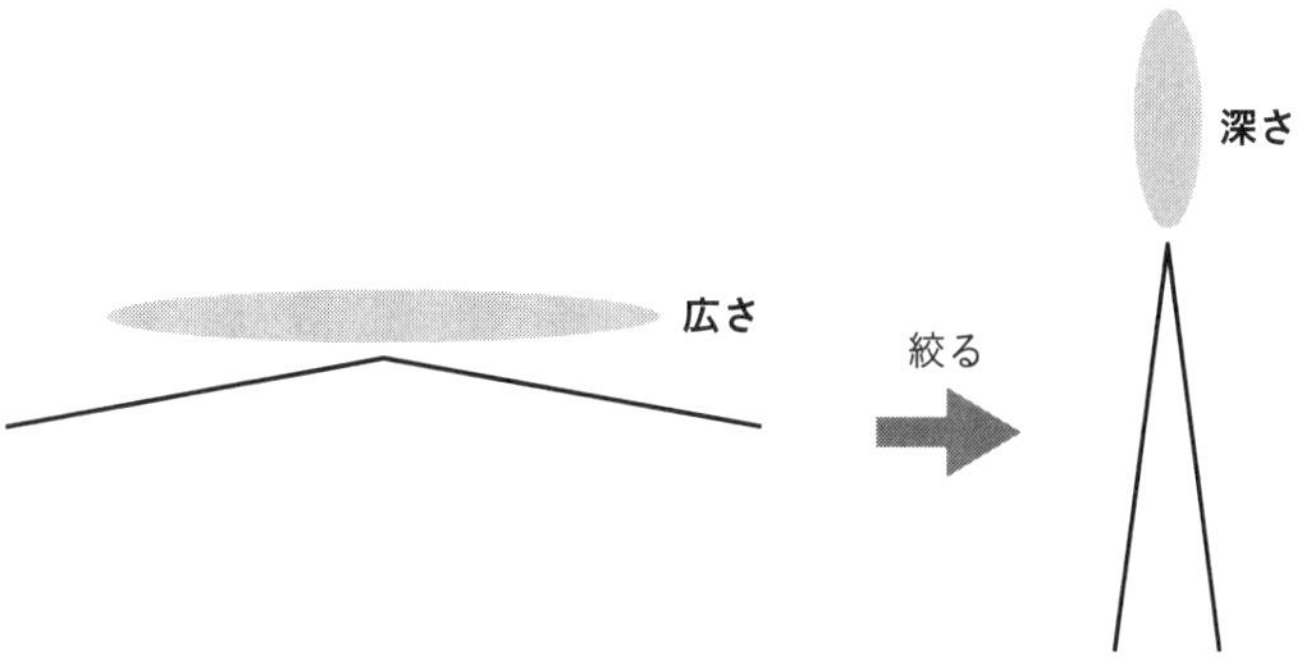

では、具体的に何を絞るのか。

たとえば、絞るのは、「ターゲット」や「商品」などである（知恵を絞ることも大切だ）。

「ターゲットを絞ったら、顧客が増えた」

こういったパラドックス（逆説）が、マーケティングの分野ではしばしば起きる。この理由は、絞ることによって、明快で鮮明な個性が生まれて、地域引力が増加するからだろう。

ターゲットの絞り込み
→
個性化
→
地域引力の増加

尖るために、「強み」を伸ばす

尖るための、第二のキーワードは、「伸ばす」である。

「強みを伸ばす」と言うが、「弱みを伸ばす」とは言わない
「長所を伸ばす」と言うが、「短所を伸ばす」とは言わない

尖りを生み出すためには、「弱み」や「短所」でなく、「強み」と「長所」に着目することが必要だ。

逆に、尖るための、NGワードは「改善」である。改善は、マイナスを平均値に戻す発想だ。「弱み」の改善で、尖りは生まれない。

「弱みの改善」と言うが、「強みの改善」とは言わない
「短所の改善」と言うが、「長所の改善」とは言わない

マイナスをゼロに改善したところで、「どこにでもある無難な地域」になるだけだ（図6－5）。それでは、地域引力は生まれない。

図 6-5：「弱み改善」と「強み伸長」

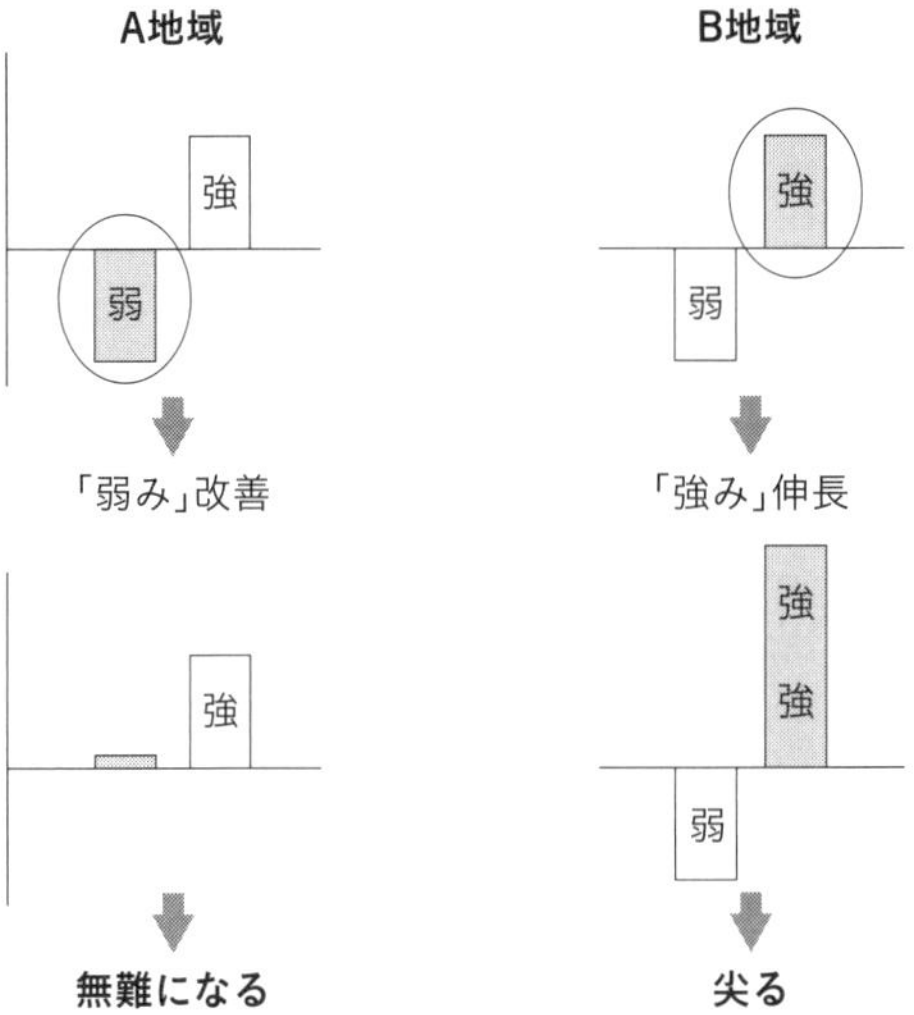

逆に、弱みがあることで、強みが強調されることもある。

弱みは、個性の一部にもなり得る。人を引きつけるヒーローには、どこか弱点がある。人を引きつける香水には、悪臭も入っている（良い香りだけだと、それは芳香剤だ）。

地域についても、同様だろう。

尖るための、第三のキーワードは、「磨く」である。

● 「強みを磨く」と言うが、「弱みを磨く」とは言わない。
● 「長所を磨く」と言うが、「短所を磨く」とは言わない。

ここでも、「強み」や「長所」に目を向けることが欠かせない。強みを磨くことによって、より尖り、人々の心に刺さる地域になる。

「強み・弱み」分析に要注意

地域の「強み・弱み」の分析をするときに、気を付けるべきことがある。

観光分野のブランドづくりのワークショップなどをみると、自分たち（地域側）の目線で、地域の「強み・弱み」を洗い出し、枠にはめていくケースをよく見かける。

これは要注意だ。

「強み・弱み」の分析は、地域側の視点ではなく、顧客の視点で行うことがポイントになる。

なぜなら、自分が「強み」だと思っていても、顧客がそれを「強み」だと思わなければ、それは真の「強み」にはならないからだ。また、「強み」があったとしても、それが顧客に伝わっていなければ、「独りよがり」である。

さらに、競合地域も、それを「強み」だと思っているのであれば、真の「強み」にはならないだろう。

たとえば、東北地方が開催する観光イベントで、すべての県の知事が、

「わが県には、おいしい食と酒、雪、温泉、歴史文化があります。ぜひ来てください」


と同じようなPRをしたらどうだろう。

これを聞いた人々は、どこも同じ地域だと思ってしまう。どこに行ったらよいのかが分からない。結局、どこも選ばれなくなるかもしれない。

日常が「強み」にもなる

逆に、自分たちが、「強み」だと認識していなくても、ターゲット顧客にとって、「価値」になることもある。売り手目線で、「強み」「弱み」を決めつけてしまうのは、極めて危険だろう。

売り手と買い手の常識には、ギャップがあることも多い。

たとえば、田舎の豊かな自然、自然と調和した生活スタイル、田舎ならではの食、ゆとり

のある空間と時間などは、田舎では当たり前かもしれないが、都会では当たり前ではない。

田舎の「日常」は、都会の「非日常」であり、「強み」になる

田舎の「普通」は、都会の「特別」であり、「強み」になる

ないものがある

たとえば、静岡県の茶の生産者にとって、茶畑は仕事の場であり、生活の一部である。日々の風景を「観光資源」として認識しないかもしれない。

だが、都会に暮らす人にとっては、どうだろうか。

「茶畑」は、非日常だ。茶畑の風景やお茶の香りに癒やされるだろう。茶畑の散歩や、茶農家とのコミュニケーションも大きな価値になる。茶農家に入れてもらうお茶の味は格別だ。

地方には、都会にはないものがある。観光客から「日常」が評価されることは、地域住民の誇りや自信にもつながるだろう。

地域引力を生み出すキーワードの一つは、「ないものがある」だ。ターゲット顧客が住む地域に「ないもの」であって、地元に「あるもの」を探してみよう。それが、観光客を引きつける種になるはずだ。

表 6-1：「弱み」を「強み」に変える

（%）

	そう思う	やや思う	どちらともいえない	あまり思わない	そう思わない
交通の便が悪い温泉地に行きたい	6.4	17.8	30.5	23.6	21.7
秘境の温泉地に行きたい	26.4	34.5	23.3	10.5	5.3

（出所）全国消費者1000人調査（2018年5月）

地域引力＝ないのものがある

「弱み」を「強み」に変えよう

「弱み」も、売り手が決めつけるものではなく、顧客が決めることだ。自分たちが弱みだと思っていても、顧客が弱みと思わなければ、それは「弱み」にはならない。

自分たちで、「弱み」だと決めつけ、弱みのカテゴリーに入れてしまうと、本当に弱みになってしまう。「自己成就的予言」といわれる心理メカニズムだ。

尖る地域になるためには、「弱み」を「強み」に変える発想の転換も必要だろう。

たとえば、消費者に「交通の便が悪い温泉地に行きたいか」と聞くと、「そう思う」と回答する人はほとんどいないが、「秘境の温泉地に行きたいか」と聞いてみると、「そう思う」と回答する人が一気にはねあがる（表6－1）。「交通の便の悪さ」という弱みも、「秘境」という強みに変化し得るということだ。
視点を変えてみよう。そうすれば、「弱み」も「強み」になるかもしれない。
たとえば、以下のようなイメージだ。

知名度が低い観光地　↓　「知る人ぞ知る観光地」
誰も知らない宿　↓　「隠れ家の宿」
交通の便が悪い温泉　↓　「秘境の温泉」
古い街並み　↓　「レトロな街並み」
利用者がほぼいない駅　↓　「秘境駅」
テレビがない宿　↓　「虫の声、川のせせらぎの音が聞こえる宿」
携帯の電波が届かない地域　↓　「心落ち着く、人も自然の一部だと感じられる地域」
建物がほとんどない地域　↓　「星がきれいに見える地域」

前者には、行きたいと思わない人でも、後者には、引きつけられる人が多いはずだ。

第7章

何かで、一番になろう

次の質問に答えてほしい。

Q　日本で一番高い山は、＿＿＿＿である。
Q　日本で一番大きな湖は、＿＿＿＿である。
Q　お茶の生産量が第一位の都道府県は、＿＿＿＿である。
Q　じゃがいもの生産量が第一位の都道府県は、＿＿＿＿である。

ほとんどの人は、すべての質問に簡単に答えることができただろう。

消費者1000人調査の結果をみてみよう。正解率は、次のとおりだ。いずれの質問も正解率は100％近い（出所：『小さな会社を強くするブランドづくりの教科書』）。

		正解率
日本で一番高い山	→	99・4％
日本で一番大きな湖	→	95・0％
お茶の生産量が第一位の都道府県	→	96・9％
じゃがいもの生産量が第一位の都道府県	→	96・2％

二番手は、イメージが浮かばない

では、次の質問はどうだろう。

Q　日本で二番目に高い山は、［　　　］である。
Q　日本で二番目に大きい湖は、［　　　］である。
Q　お茶の生産量が第二位の都道府県は、［　　　］である。
Q　じゃがいもの生産量が第二位の都道府県は、［　　　］である。

消費者1000人調査の正解率は、次のとおりだ。二番になったとたん、正解率は極端に低くなる（出所：前掲書）。

		正解率
日本で二番目に高い山	→	14・3％
日本で二番目に大きい湖	→	23・4％
お茶の生産量が第二位の都道府県	→	12・9％
じゃがいもの生産量が第二位の都道府県	→	9・1％

図 7-1：一番手の正解率と、二番手の正解率の違いは大きい

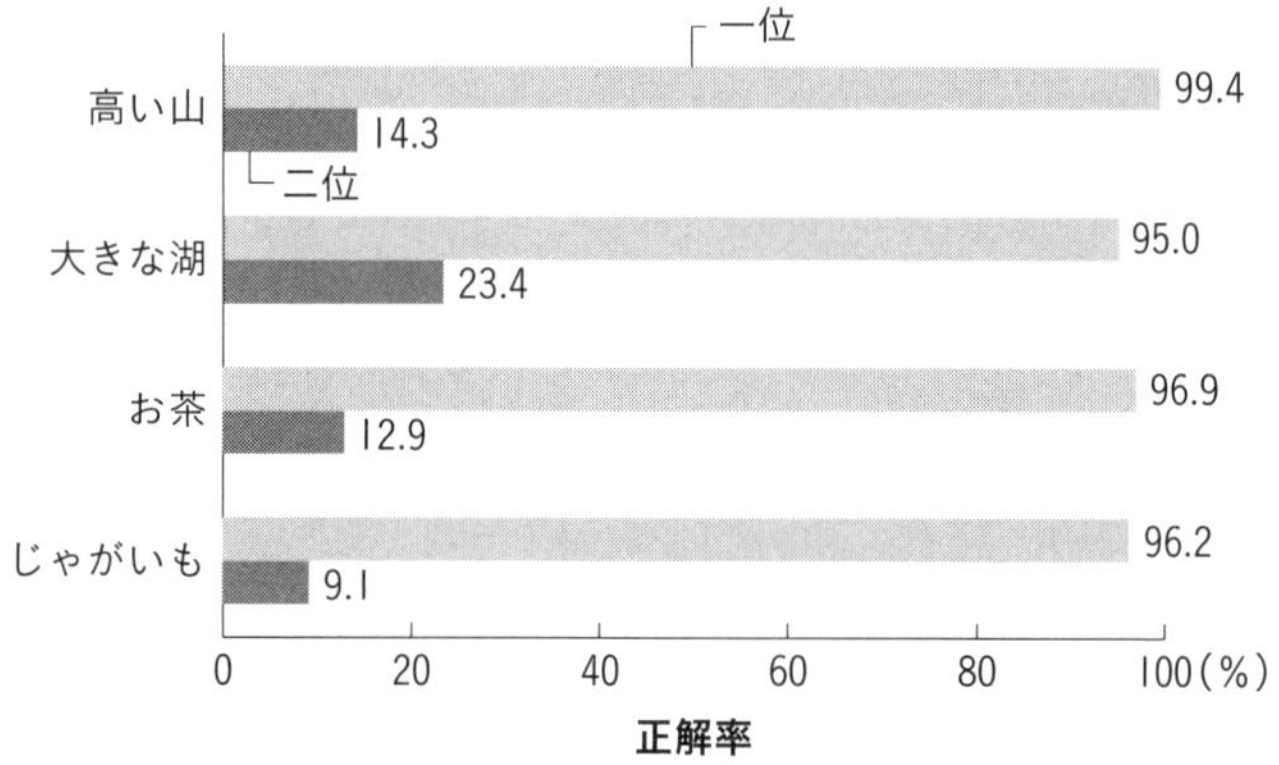

（出所）『小さな会社を強くするブランドづくりの教科書』

二番手の正解は、山「北岳」、湖「霞ヶ浦」、お茶「鹿児島県」、じゃがいも「長崎県」だ。

図7－1に示すとおり、一番手と二番手の正解率の違いは顕著である。順位は1つしか違わないのに、二位になったとたん、イメージが浮かばなくなる。

たとえば、「北岳」と聞いて、心のスクリーンに映像が浮かぶ人はどれだけいるだろうか。

二番手は、選ばれにくい

「第二の○○」、「第三の○○」では、ブランドは生まれない。ブランドになるためには、どこかで「一番」になる必要がある。

図7-2：「イメージが浮かぶ」と「行きたい・飲みたい・食べたい」との関係
――一位と二位の違いは顕著――

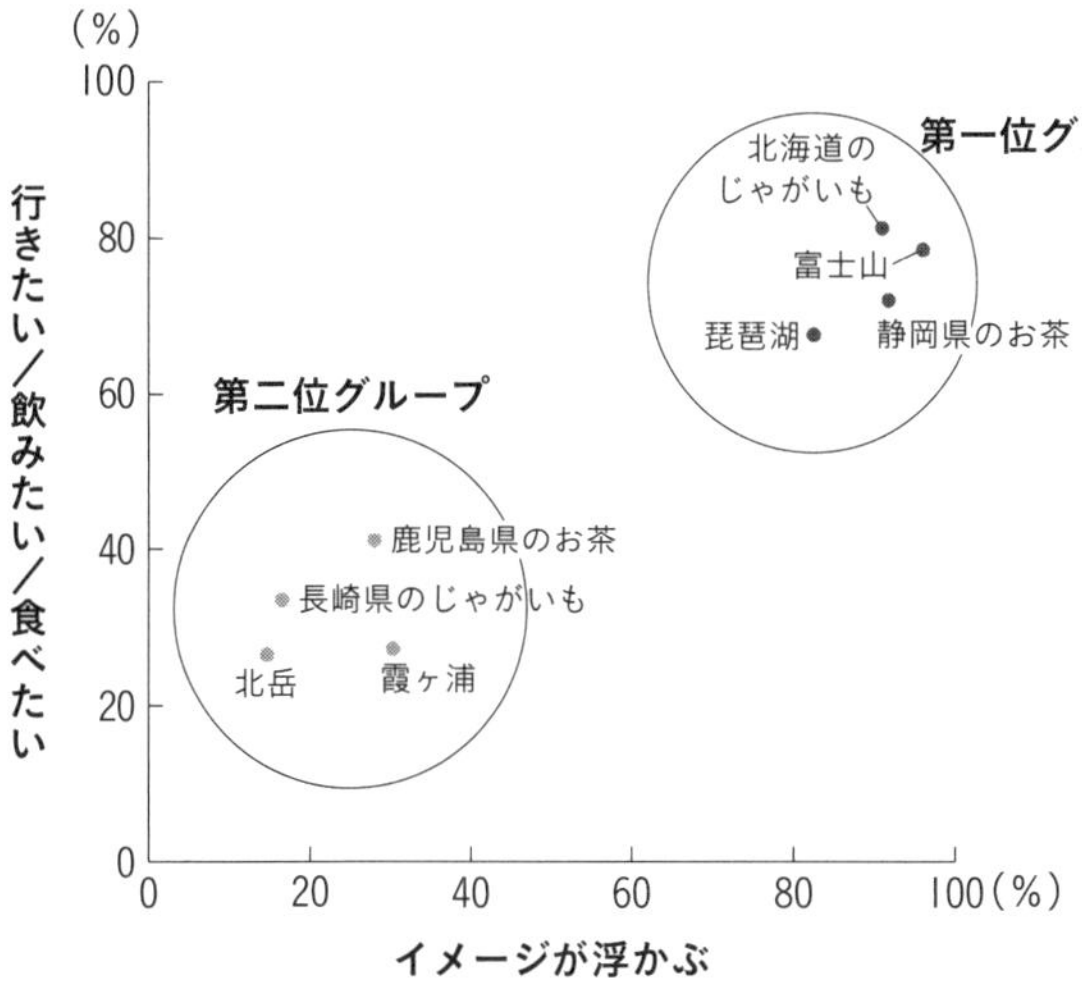

（出所）全国消費者1000人調査（2019年6月）

図7－2をみてほしい。

この図は、高い山、大きな湖、お茶生産量、じゃがいも生産量に関して、それぞれ第一位と第二位の地域の「イメージが浮かぶか」と「行きたい・飲みたい・食べたいか」の関係をみたものである。

図をみると、一位のグループと二位のグループが、くっきりと分かれている。二番手になると、イメージが浮かばなくなり、選ばれにくくなることが、視覚的にも明らかだろう。

おそらく、三位、四位、五位になれば、さらにイメージが浮かばなくなり、さらに選ばれにくくなるはずだ。

「ナンバー１にならなくていい。オンリー１になろう」

こう言われることがあるが、ブランド的には、もしかすると〝誤り〟かもしれない。地域引力を生み出すためには、どこかでナンバー1になる必要がある。オンリー1は、その分野では、間違いなくナンバー1だ。

オンリー１＝その分野でナンバー１

あなたがブランドづくりを考えている地域は、どこでナンバー1だろうか？

小さな地域が一番になる方法

「小さな地域だから、一番にはなれない」

こういった意見を聞くことがあるが、本当だろうか。
そのようなことはない。発想を変えれば、小さくても、一番になることは可能だ。

ここでは、小さくても一番になる方法を紹介しよう。

①「引き算」で、ナンバー1になる

たとえば、日本の山全体で高さの競争をしても、どの山も「富士山」には絶対にかなわない。

だが、山から、カルデラ火山以外を「引き算」し、カルデラ火山に絞り込むと、どうだろうか。

高さでは全国100位にも入らない「阿蘇山」が、ナンバー1になれる。高さが二位の北岳のイメージが浮かばない人も、阿蘇山については、イメージが浮かぶ人が多いのではないだろうか。

もう一つ例をあげよう。

全国の都道府県が、「食」全体で競争をしても、北海道にはかなわない。全国の人が、「食」と聞いて思い浮かべる地域は、「北海道」がナンバー1だ。4割以上の人が北海道を思い浮かべる（表7－1）。

だが、食から、うどん以外を「引き算」し、うどんに絞り込むとどうだろう。

ほぼ9割の人が、香川県を思い浮かべる（表7－2）。

「引き算」によって、都道府県でもっとも面積が小さい「香川県」が、圧倒的なナンバー1

表 7-1：「食」と聞いて思い浮かぶ都道府県は？

順位	都道府県名	%
1	北海道	44.1
2	大阪府	23.9
3	東京都	7.2
4	福岡県	3.9
5	京都府	2.6
6	愛知県	1.9
7	新潟県	1.1
8	宮城県	1.0
8	兵庫県	1.0
8	鹿児島県	1.0

（出所）全国消費者1000人調査（2015年2月）

表 7-2：「うどん」と聞いて思い浮かぶ都道府県は？

順位	都道府県名	%
1	香川県	87.4
2	徳島県	1.7
3	大阪府	1.3
4	愛媛県	1.2
5	高知県	1.1
6	群馬県	0.9
7	東京都	0.7
8	京都府	0.5
9	秋田県	0.4
9	愛知県	0.4

（出所）表7-1と同じ

図 7-3：どちらのツアーに行きたいですか

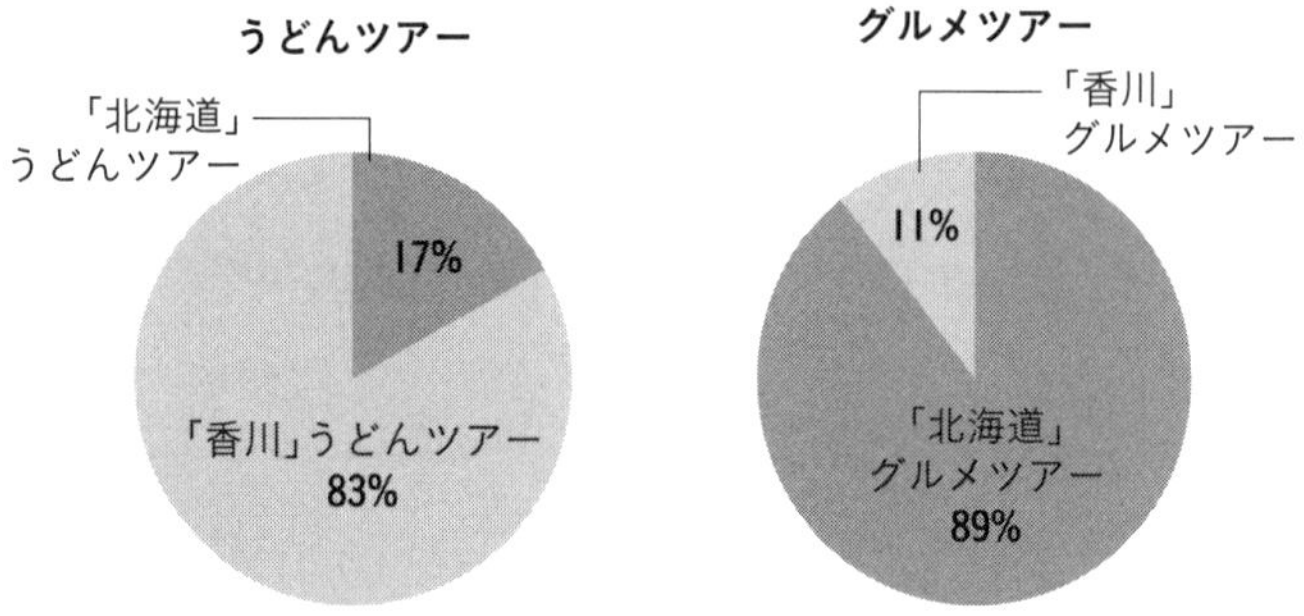

（出所）全国消費者1000人調査（2018年5月）

になれるということだ。

小さな地域がとるべき戦略は、「富士山戦略」ではない。「引き算」でナンバー1になる「阿蘇山戦略」であり、「うどん県戦略」だ。

「足し算」の競争においては、大きな地域が有利かもしれないが、逆に、「引き算」の競争であれば、小さな地域が有利になる。

図7−3をみてみよう。「グルメツアー」だと「北海道」が圧勝だが、「うどんツアー」だと、小さな「香川県」が、大きな「北海道」に対して圧勝できる。

「引き算」による地域引力の引き出し方については、第9章で詳しく検討しよう。

②「掛け算」で、ナンバー1になる

小さな地域でもナンバー1になる方法の2つ目は、「掛け算」だ。

ここでは、「温泉」「雪」「富士山」を事例に具体的にみてみよう。

(a) 温泉

単に「温泉がある」だけでは、地域はブランドにはならない。なぜなら、全国には、温泉がある地域はたくさんあるからだ。

また、温泉全般で勝負しても、「おんせん県」の大分県にはかなわないかもしれない。「温

写真7-1：「温泉」×「猿」＝地獄谷野猿公苑（長野県）

泉」と聞いて、全国の3割の人が思い浮かべる都道府県が、大分県だ（表7－3）。

では、「温泉」と「猿」を〝掛け算〟するとどうだろうか。

表7-3：「温泉」と聞いて思い浮かぶ都道府県は？

順位	都道府県名	%
1	大分県	29.6
2	群馬県	17.3
3	静岡県	8.1
4	神奈川県	5.4
5	兵庫県	4.8
6	長野県	4.7
7	北海道	4.4
8	栃木県	2.9
9	岐阜県	2.5
10	石川県	2.3

（出所）全国消費者1000人調査（2015年2月）

「温泉」×「猿」＝地獄谷野猿公苑

長野県の一つのエリアが、ナンバー1になることができる。この地で暮らす猿は、寒い冬には、温泉に入る。スノーモンキーとして世界の人々に親しまれ、日本だけでなく、世界から観光客を集めている（写真7－1）。

小さな地域でも、「掛け算」によって、ワールドクラスの地域引力を生み出すことは可能だ。

(b) 雪

次に、「雪」の例を考えよう。

「美しい雪景色があります」

これだけでは、ブランドにはならない。日本には、雪が降る地域はいくつもあるからだ。そもそも「雪」だけでは、北海道には勝てないだろう。北海道と聞くだけで、「雪」「雪景色」をイメージする人が多いからだ（前掲表5－1）。

では、「雪」と「壁」を〝掛け算〟するとどうだろうか。

「雪」×「壁」＝雪の大谷

写真7-2：「雪」×「壁」＝雪の大谷（立山黒部）

立山黒部の一つのエリアが、ナンバー1になることができる。世界でも有数の豪雪地帯「大谷」を通る道路を除雪してできる、高さ20メートルにも迫る巨大な真っ白な雪の壁が「雪の大谷」（立山黒部）だ（写真7－2）。世界的にも有名な絶景である。

「雪」×「壁」という〝掛け算〟によって、世界の人々を魅了する「引力」を生み出している。

(c) 富士山

「富士山」の風景で勝負すると、一番手の地域はどこだろうか。「静岡県」か、「山梨県」か、それとも、神奈川県の「箱根」なのか、分からない。

だが、「富士山」と「茶畑」を掛け算して、「富士山が見える茶畑」という土俵に立つと、

写真7-3：「富士山×茶畑」の掛け算

どうだろうか。

「富士山」×「茶畑」＝静岡県

静岡県が圧倒的なナンバー1になる。茶畑から見る富士山の姿は圧巻だ（写真7－3）。

さらに、掛け算をして、「富士山」×「茶畑」×「雲海」とするとどうだろうか（写真7－4）。

全国には、雲海がみえるスポットがたくさんあるが、雲海と富士山と茶畑が一緒に見えるスポットは極めて希少だ。

「掛け算」によって、小さな地域でも、ナンバー1になれるということだ。

小さな地域は「足し算」の発想ではブランド

写真7-4：「富士山×茶畑×雲海」の掛け算
──小さな地域がナンバー1になれる──

にはならない。
地域資源を「掛け算して」ナンバー1を生み出そう。

第8章

強いブランドには、「シンボル」がある

次のA～Eの写真をみてみよう。それぞれ、どこなのか分かるだろうか。

A

B

C

D

E

おそらく、ほとんどの人が答えられたはずだ。
では、なぜ一枚の写真で、どこだか分かったのだろうか。
それは、「シンボル」があるからだ。

- 「エッフェル塔」→パリ
- 「ビッグベン」→ロンドン
- 「自由の女神」→ニューヨーク
- 「コロセウム」→ローマ
- 「ダイヤモンドヘッド」→ハワイ

独自のシンボルがあれば、イメージが浮かびやすくなる。イメージが浮かべば、地域引力が生まれる。

ブランド力のある地域の共通点

表8－1は、全国消費者調査で、「ブランド力が高いと思う海外の都市」を、自由にあげ

表 8-1：ブランド力の高い海外の都市は？

順位	キーワード	出現頻度
1	パリ	181
2	ハワイ	97
3	ニューヨーク	87
4	ローマ	43
5	ロンドン	39

（出所）全国消費者1000人調査（2018年11月）

てもらった結果である。

第一位は、「パリ」。以下、「ハワイ」「ニューヨーク」「ローマ」「ロンドン」と続いている。

この5都市は、今みた写真の5都市と一致している。ブランド力の高い地域は、たった1枚の写真で、どこなのか分かるということだ。

「シンボルのある1枚の写真」は、「シンボルがない100枚の写真」に勝るほどの力を持つ。

シンボルの力

次の文章の空欄に、思い浮かぶ言葉を入れてほしい。

- シンガポールといえば、［　　　　］である。
- マレーシアといえば、［　　　　］である。

実際に、全国の消費者1000人に空欄に自由に言葉を入れてもらった。

結果は、図8－1に示すとおりである（出所：『小が大を超えるマーケティングの法則』）。「シンガポール」については、1000人中なんと503人もの回答者が「マーライオン」と回答している。

これは、驚くべきことである。シンガポールから遠く離れた日本の地で、1000人中500人以上が、名前を聞いただけで、一つのイメージを共通して思い浮かべたということだ。

一方、「マレーシア」はどうだろうか。

一番多いのが「とくにない」という回答だ（図8－2）。国名を聞いても、イメージが浮かばない。その他の回答もバラバラで、どれも突出したものがない。なぜか、6位に「マーライオン」がランクインしている。

シンガポールとマレーシア、隣国ながら、とても対照的な結果である。

シンガポールは、とても「小さな国」だ。面積は、私の住む静岡市のわずか半分である。ビーチリゾートも、高原リゾートもない。世界遺産もわずか1つだけだ。

一方、マレーシアの面積は、シンガポールの約500倍。この国は、海や緑に囲まれ、太陽に恵まれた自然豊かな観光資源が豊富にある。観光資源は、美しいビーチリゾート、さわ

図 8-1：シンガポールといえば…

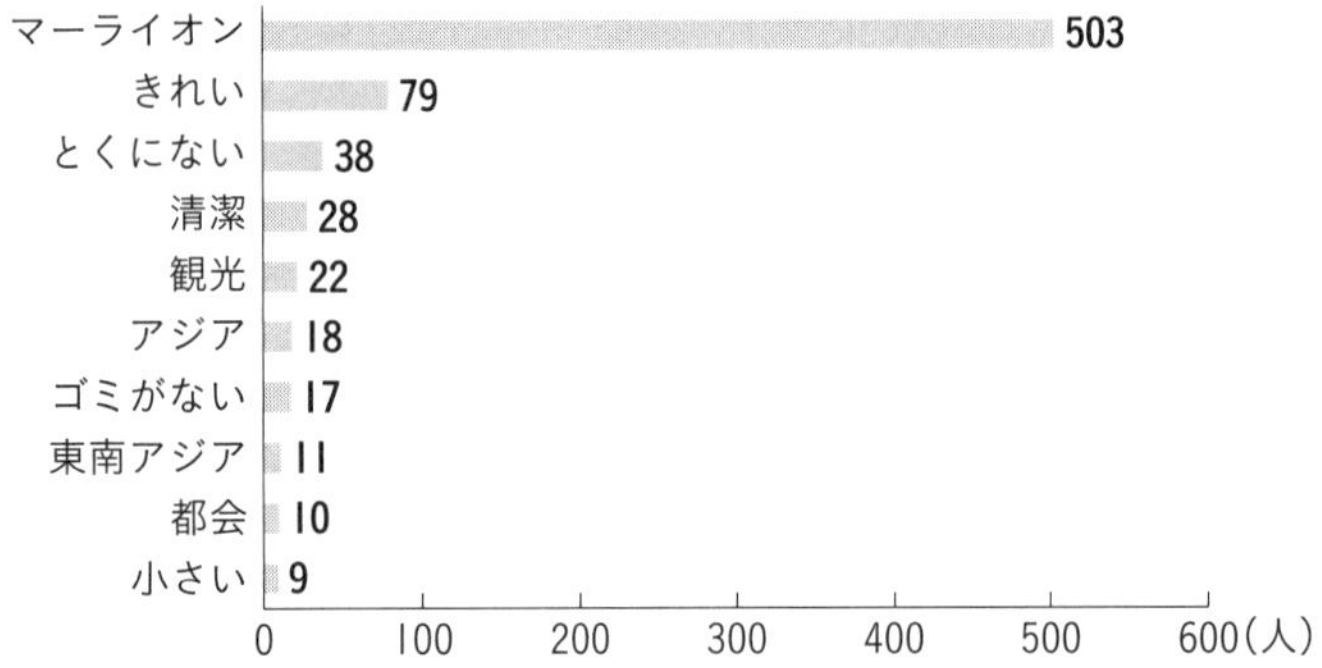

（出所）『小が大を超えるマーケティングの法則』

図 8-2：マレーシアといえば…

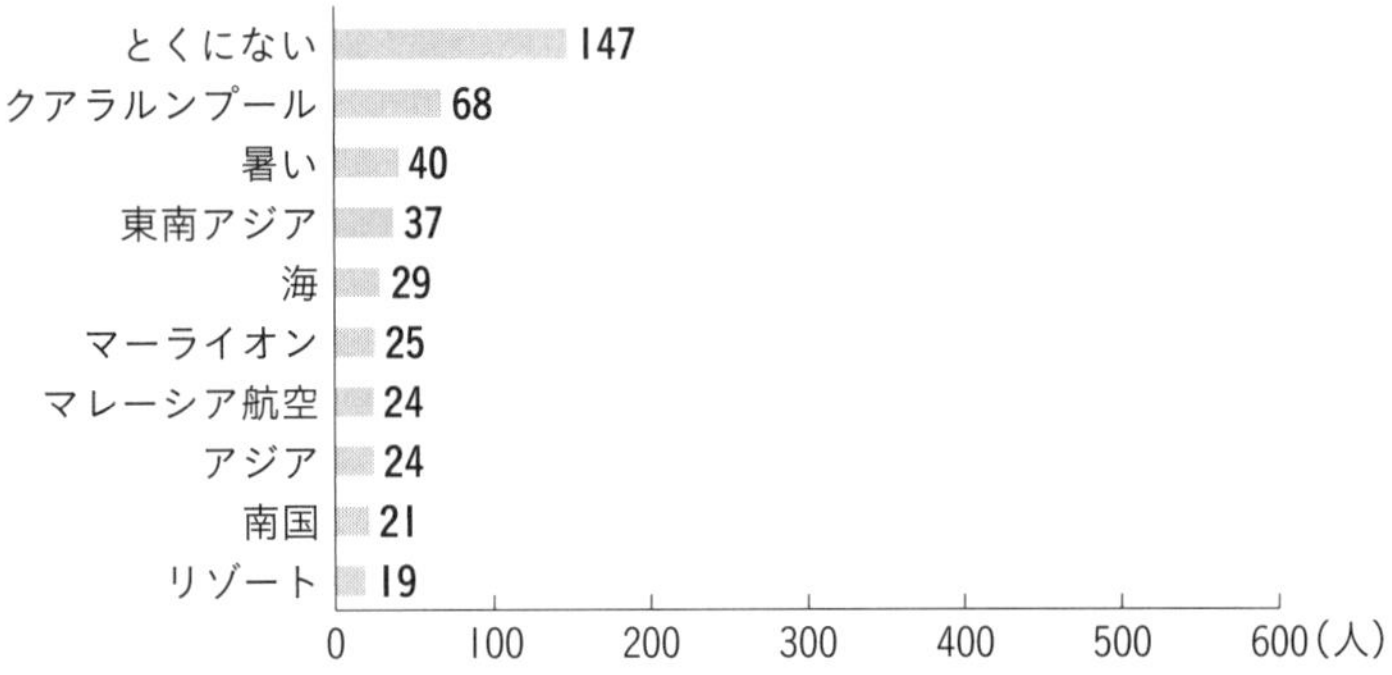

（出所）図8－1と同じ

図 8-3：観光に行くとすると、どちらの国に行きたいですか

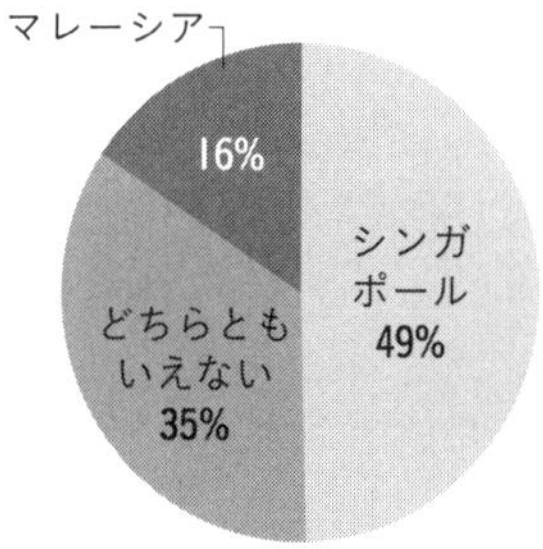

（出所）『小が大を超えるマーケティングの法則』

やかな高原リゾート、ジャングルなどバラエティーに富んでいる。世界遺産も複数ある。マレーシアは、国をあげて観光客の誘致に取り組んでいる。

「観光に行くとすると、シンガポールとマレーシア、どちらの国に行きたいですか？」

圧倒的多くの人が選ぶのは、超小国の「シンガポール」だ（図８－３）。

観光資源が豊富にあり、観光客の誘致にも力を入れるマレーシアではなく、シンガポールが選ばれるのは、なぜだろう。

シンガポールにあって、マレーシアにないものは何か。

それは、独自の「シンボル」だ。

たった一つのシンボルが、国のイメージを集約し、個性を伝え、魅力を発信してくれる。

まさに、「マーライオン効果」である。

◎がっかりスポット？

マーライオンは、観光客の「世界三大〝がっかり〟スポット」の一つと言われることがあるようだ。他の2つは、ブリュッセルの小便小僧、コペンハーゲンの人魚姫像があげられることが多い（写真8－1）。

だが、ここで言いたいのは、「がっかり」云々ではない。「シンボルをつくる効果」だ。たとえ、がっかりスポットと呼ばれたとしても、消費者の心の中に明快なイメージが浮かべば、勝ちだ。消費者の「行きたい気持ち」を喚起することができる。

- シンガポールに来て、マーライオンだけ見て、帰る人がいるだろうか。
- コペンハーゲンに来て、人魚姫像だけ見て、帰る人がいるだろうか。
- ブリュッセルに来て、小便小僧だけ見て、帰る人がいるだろうか。

おそらく、いないだろう。

地域のシンボルになるためには、条件がある。まずは、独自性あることが必要だ。もう一つは、イメージが浮かびやすいことである。

写真8-1：本当にがっかりスポットか？

どこの地域にもあるものは、シンボルにはならない。マーライオンも、人魚姫像も、小便小僧も、極めて個性的であり、イメージしやすく、記憶に残りやすい。

そもそも、マーライオンなどは、本当にがっかりスポットだろうか？

おそらく、違う。

たとえ、がっかりと呼ぶ人がいたとしても、観光客を引きつける十分な「引力」がある。その証拠に、たとえば、「シンガポール、観光客、記念写真」の3つのキーワードで画像検索をしてみると、上位に出てくるのは、マーライオンと一緒に映る楽しそうな観光客の写真ばかりだ。観光客が、心からがっかりしたときに、楽しそうに写真に写ることはないだろう。

シンボルによる2段階訴求

まず、明快なシンボルで引き付けて、実は「魅力は、それだけではありません」と、その地域が持つ多様な魅力も楽しんでもらう。

こういった「2段階訴求」が、地域引力を生み出してくれる。

たとえば、うどん県、香川県のキャッチコピーも、「うどん県。それだけじゃない……」と2段階訴求になっている。第1段階で、まず「うどん」。次に、「それだけじゃない」の2段階。うどんに惹かれて香川県を訪れたときに、予想もしない出会いがあれば、地域の印象もより強くなるはずだ。

香川県には、うどん以外にも、そばも、そーめんもあるが、もしも、第1段階で「うどん、そば、そーめんの香川県」だったとすると、どうだろうか。おそらく、今ほどの地域引力は生まれなかったはずだ。

実際、「うどんの香川県」と「うどん、そば、そーめんの香川県」のどちらに惹かれるかを消費者に聞いてみると、圧倒的に多くの人々が「うどんの香川県」を選ぶ。

だが、多くの地域の現状はどうだろう。

「たくさん観光資源を提示すれば、どれかに消費者は、引っかかってくれるだろう」と、最初から〝足し算〟してしまいがちだ。

それでは、地域引力は生まれない。

アメリカ人に聞いてみた

アメリカ人1000人にも、聞いてみた。

シンガポールといえば、［　　　　　］である。

既述のとおり、日本人は1000人中503人が「マーライオン」を思い浮かべている。

さて、アメリカ人の調査結果はどうだったか。「マーライオン」をあげたアメリカ人が1000人中何人いただろうか。想像してほしい。

結果は、表8-2に示すとおりである。

「マーライオン」をあげたアメリカ人は、1000人中なんと0人だ。ライオンが1人、ライオンの彫像が2人いるのみだ。

なぜだろうか？

シンボルは、つくり出すものである

アメリカは、シンガポールの観光戦略にとって、主要なターゲットではない。シンガポールは、アメリカに対して、マーライオンをシンボルとしたプロモーションを行ってこなかった。だから、シンガポールと聞いても、誰もマーライオンを思い浮かべない。

シンボルは、自然に生まれるものでもなければ、黙っていてできるものでもない。自らがつくりあげるものだ。そもそも、マーライオンは、１９７２年生まれ。それほど長い歴史があるわけではない。

日本人が、シンガポールと聞いて、「マーライオン」をイメージするのは、シンガポールが日本に対して、マーライオンをシンボルとしたプロモーションを繰り返し継続した結果である。

ブランドづくりのキーワードは、「繰り返し」だ。社会心理学者のザイアンスは「何回も繰り返し見せられると、人々はそれに対して好意を持つようになる」と言っている。

強いブランドは、ある意味ワンパターンであり、それが「らしさ」につながる。

「自分の地域には観光の目玉がない」
「地域にシンボルがない」

このような話を地域の観光関連の人から聞くことがある。

目玉がなく、シンボルがなくて、観光客の心の中に地域のイメージが何も浮かばないとしたら、やるべきことはただ一つ。

そう、シンボルをつくることだ。

シンボルは、与えられるものではない。戦略的につくりあげるものである。

表8-2：シンガポールといえば……（アメリカ人）

順位	キーワード	出現頻度
1	none / nothing	280
2	clean / cleanliness	52
3	culture	31
4	crowds / crowded	29
5	asia / asian	25
6	busy	24
6	beauty / beautiful	24
8	shopping	21
8	city	21
10	food	16

（注）lionが1人、lion statueが2人
（出所）アメリカ人1000人調査（2013年7月）

地域のシンボルは何か

シンボルは、何もマーライオンのような建造物だけではない。食のシンボルもあれば、風景のシンボルも、人物のシンボルもある。あなたがブランドづくりを考えている地域に、シンボルはあるだろうか？

次の文章に地域名を入れた後で、ターゲットとなる消費者に、空欄に語句を入れてもらおう。

①「 **地域名** 」といえば、「　　　　　　　　　」だ。

（例：シンガポールといえば、マーライオンだ。）

言葉が入ったら、次は、前と後ろを逆にしてみよう。

②「　　　　　　　　　」といえば、「 **地域名** 」だ。

（例：マーライオンといえば、シンガポールだ。）

カッコ内にどのような言葉が入っただろうか？

ターゲットとなる消費者の大部分が、一つも言葉を入れることができなかったとしたら、意識してシンボルをつくることが必要だろう。

繰り返すが、シンボルの条件は、独自性があり、イメージしやすいことだ。イメージが浮かばなければ、選ばれることはない。

第9章

「引き算」で、引力を生み出そう

「観光資源がたくさんあるのに、選ばれない」
「おいしいものがたくさんあるのに、人が来ない」

各地で、こういった言葉を聞くことが多い。
もしかすると
「観光資源がたくさんあるから、選ばれない」
「おいしいものがたくさんあるから、選ばれない」のかもしれない。

「引き算」の発想とは何か

地域引力を生み出すためには、〝引き算〟の発想が有効である。ここでの引き算とは、何かを減らすことによって、価値を生み出そうという発想だ。

引き算には、ターゲットの引き算、品ぞろえの引き算、メニューの引き算、情報の引き算、機能の引き算、デザインの引き算など、さまざまなパターンがある。

「引き算することで、顧客が減ってしまうのではないか」

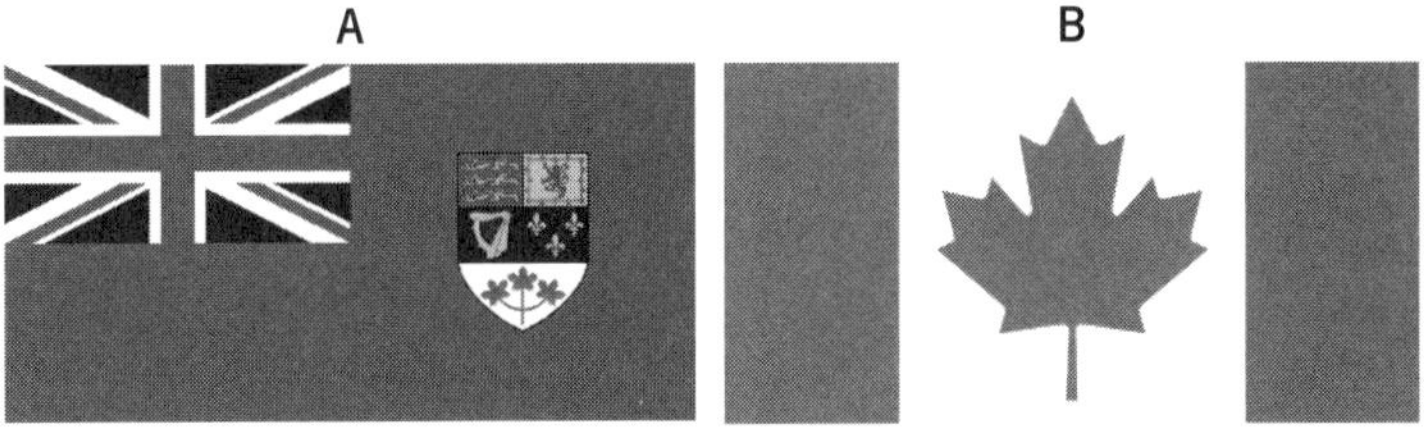

こういった声を聞くことがあるが、おそらく、それは違う。今は、たくさんあれば良いという時代ではない。

引き算をすることによって、イメージが明快になるため、逆に、「引力」は強くなる。ターゲットや品ぞろえを絞れば、特定顧客や商品に集中できるため、顧客満足度や品質の向上も期待できる。

引き算によって、個性が鮮明になれば、口コミやソーシャルメディアで発信される機会も増えるはずだ。

引き算は、働く側にとっても、メリットは大きい。引き算による、オペレーション効率化、コスト低減などは、「生産性」や「従業員満足度」の向上に資する可能性が高い。

シンプルはパワフル

上の2つの旗をみてほしい。AかB、どちらに引きつけられるだろうか。どちらにインパクトを感じるだろうか。

消費者調査の結果は、表9－1のとおりだ。

表 9-1：どちらに引きつけられますか

A

B

とてもA	A	ややA	ややB	B	とてもB
4.9	8.9	18.1	30.8	22.1	15.2

（出所）全国消費者1000人調査（2018年11月）

多くの人が引きつけられるのは、シンプルなデザインのBの国旗だ。複雑なデザインのAを選ぶ人は少数派である。Aの旗は、1965年まで利用されていたカナダの国旗である。Bは、Aの国旗の右下にある「カエデの葉っぱ」を拡大したものである。これが現在のカナダの国旗になっている。

おそらく、多くの人は、Bを見ただけでカナダをイメージできるはずだ。シンプルさゆえ、国旗そのものがブランドになっている。

商品の引き算

ここにAとBの2つの博物館があるとしよう。あなたは、どちらにインパクトを感じるだろうか。また、どちらに行きたいだろうか（出所：『引き算する勇気――会社を強くする逆転発想』）。

(1)　A　日清食品ミュージアム　　B　カップヌードルミュージアム
(2)　A　江崎グリコ博物館　　B　ポッキー博物館
(3)　A　食の博物館　　B　ラーメン博物館
(4)　A　交通博物館　　B　鉄道博物館
(5)　A　古代生物博物館　　B　恐竜博物館

結果は図9－1に示すとおりである。

いずれの組み合わせも、Aよりも、Bにインパクトを感じ、引きつけられる人が圧倒的に多い。

日清食品よりも「カップヌードル」、江崎グリコよりも「ポッキー」、食よりも「ラーメン」に絞った方が、インパクトも、引力も強くなる。

なぜ、引き算で引力が強くなるのだろうか。

それは、引き算によって、具体的なイメージが、消費者の心に浮かびやすくなるからだ。

食と聞いても漠然としているが、ラーメンと聞けばイメージが浮かぶ。日清と聞いたときにイメージが浮かばない人も、カップヌードルと聞けば、イメージが浮かんでくるだろう。

江崎グリコと聞いても漠然とした感じがするが、ポッキーと聞けばイメージが浮かぶはずだ。

図9-1：引き算によって、インパクトと引力が強まる

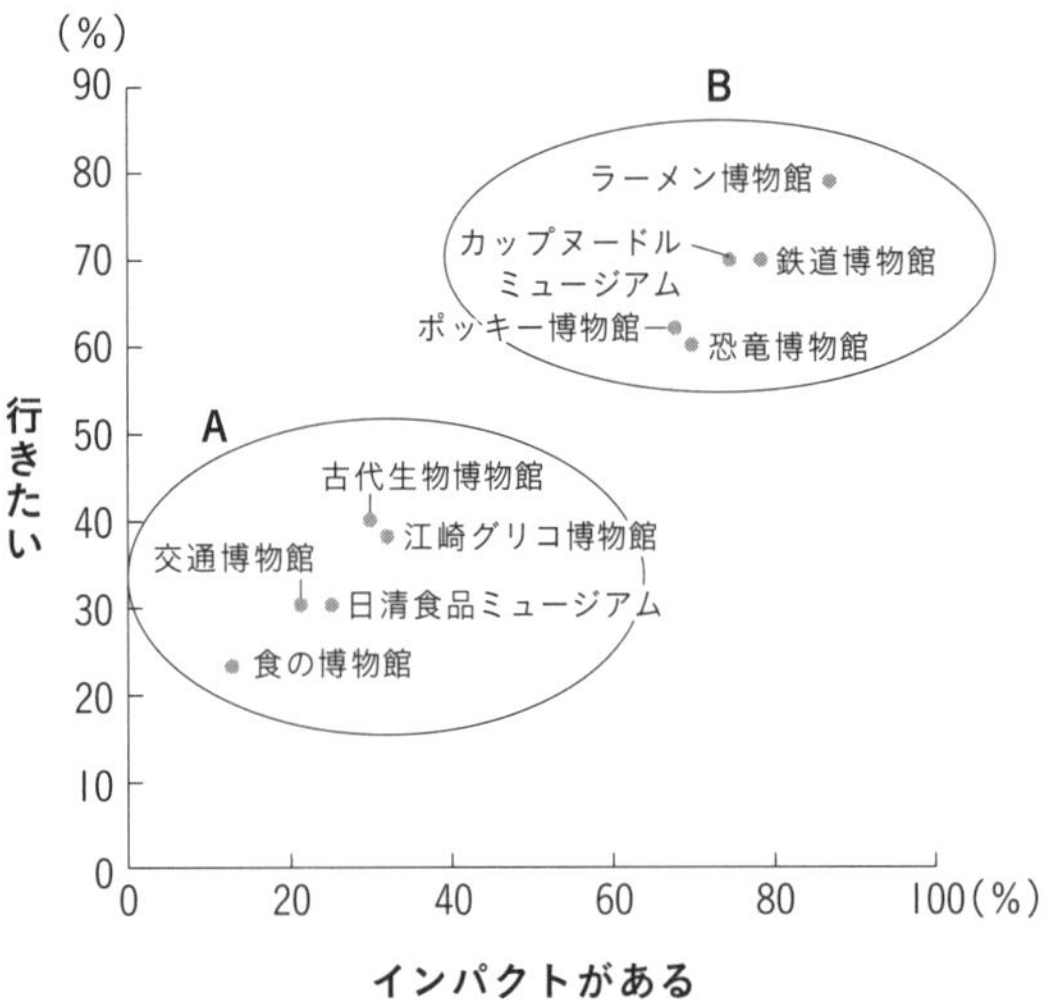

（出所）『引き算する勇気——会社を強くする逆転発想』

引き算の効果の実験

ここで、引き算の効果を検証するために、実施した実験を紹介しよう。

全国1000人の回答者を無作為に500人ずつ、2つのグループに分けた。一つのグループには、12の観光資源の写真からなるポスター（「足し算ポスター」と呼ぶ）を見てもらった。

もう一つのグループには、12の観光資源から1つを選び、1枚の写真からなるポスター（「引き算ポスタ

図9-2：「足し算ポスター」と「引き算ポスター」

足し算ポスター　　引き算ポスター

ー」と呼ぶ）を見てもらった（図9－2）。

2つのグループに対して投げかけた質問は、まったく同じ、次の2つである。

> **Q　この観光ポスターに魅力を感じますか**
> **Q　この地域に行ってみたいですか**

結果は、表9－2のとおりである。

ポスターの魅力度に関する質問については、「魅力を感じる」との回答が、「足し算ポスター」は12・2％、「引き算ポスター」は31・0％と、3倍近い差がみられる。

その地域への訪問意向に関する質問については、「行きたい」との回答が、「足し算ポスター」は13・4％、「引き算ポスター」は26・8％と、2倍の差がある。

表 9-2：観光ポスターの実験結果

この観光ポスターに魅力を感じますか

	やや魅力を感じる	魅力を感じる
「足し算ポスター」	49.2%	12.2%
「引き算ポスター」	53.4%	31.0%

（注）カイ二乗検定（0.01％水準）で有意差あり
（出所）全国消費者1000人調査（2018年11月）

この地域に行ってみたいですか

	やや行きたい	行きたい
「足し算ポスター」	47.0%	13.4%
「引き算ポスター」	54.2%	26.8%

（注）カイ二乗検定（0.01％水準）で有意差あり
（出所）全国消費者1000人調査（2018年11月）

複数の景色を同時に見ることはできない

人々の多くは、「引き算ポスター」に魅力を感じ、その地域に引きつけられる。なぜ、このような結果になるのだろうか。

理由の一つは、２つのポスターの「視線の違い」だ（図9－3）。

「足し算ポスター」は、地域側・売り手の視線である。「この地域には、たくさん素晴らしい観光資源がありまず」。そのどこかに来てほしいという、売り手サイドの想いがある。

考えてみよう。

自然界で、我々の目に同時に複数の景色が入ってくることはあるだろうか。

あり得ない。人の目に映るのは、一つの景色だ。

１枚のポスターにたくさんの写真を入れると、目線が、観光客から売り手に代わってしまう。だから、たくさんの

図9-3：足し算と引き算ポスターの視線は、逆方向

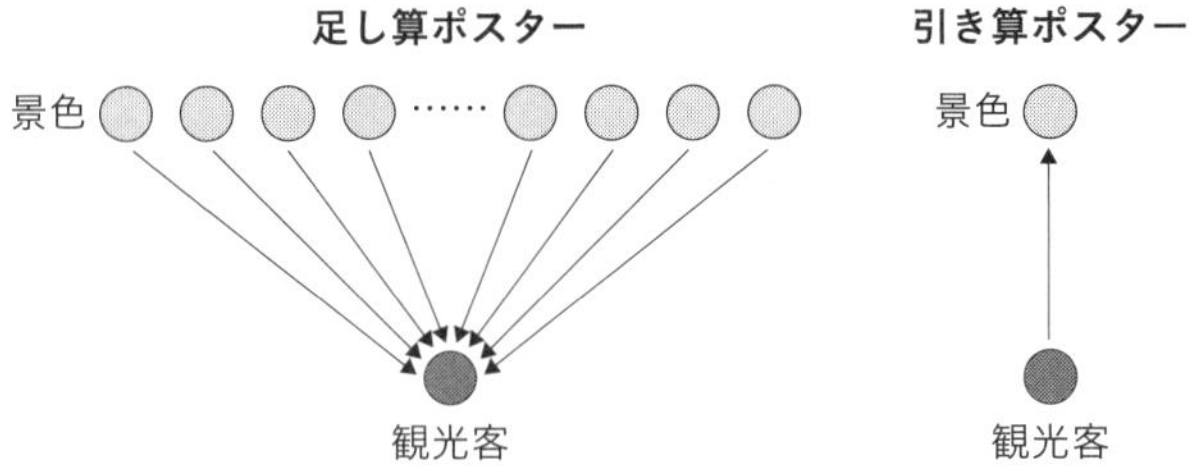

景色を同時に見たときに、その写真の中に自分が入り込むことができない。そこにいる自分をイメージすることが難しくなる。

加えて、写真が増えれば、一枚一枚の写真の個性が薄まるという、「足し算」のデメリットも発生する。

そこにいる自分をイメージできると、行きたくなる

旅の一瞬一瞬で、観光客の目に映る景色は一つだ。1枚の写真の「引き算ポスター」は、観光客の視線である。だから、その写真の景色に自分が入り込みやすい（図9－4）。そこにいる自分をイメージできるため、地域引力が生まれ、行きたい気持ちが喚起されるということだ。

引き算ポスターには、シンプルさゆえのインパクトもある。また、情報を減らすことで、受け手の想像力を喚起し、その写真以上のものが伝わることもある。

図9-4：どちらのポスターに入り込めるか

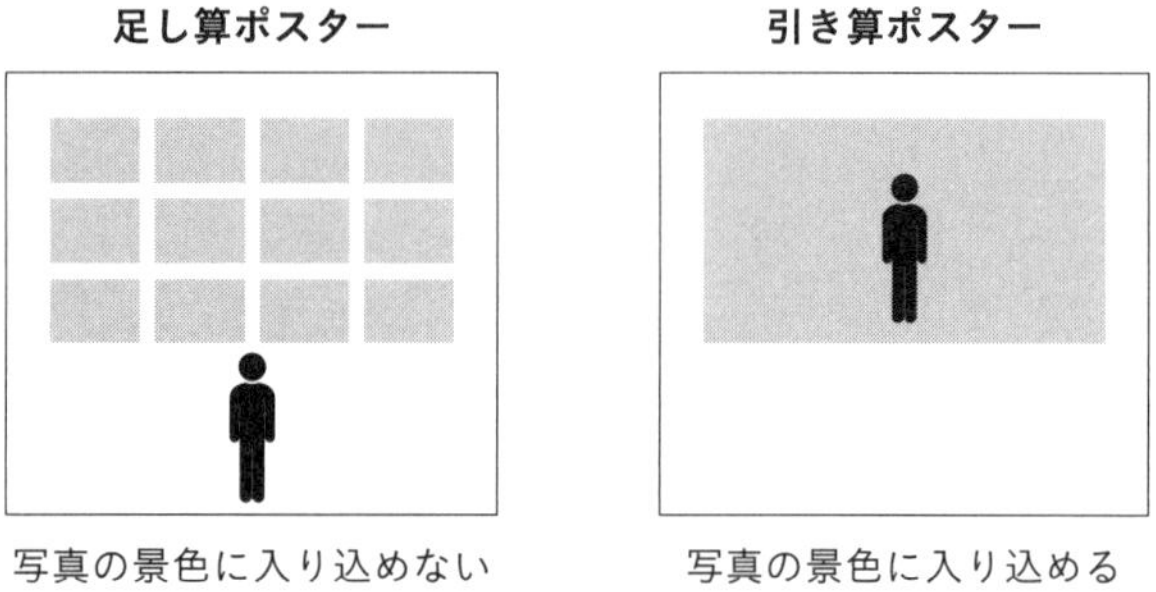

さらに、「このような素晴らしい場所があれば、地域全体が魅力的だろう」という連想、すなわち、「ハロー効果（後光効果）」も期待できる。

● **足し算ポスター**

売り手目線。そこにいる自分がイメージできない。想像が膨らまない。個性の希釈化。

→「引力は生まれない」

● **引き算ポスター**

観光客目線。そこにいる自分がイメージできる。想像力が喚起される。シンプルゆえのインパクト。

→「引力が生まれる」

もし、複数の写真を利用するなら、足し算ではなく、〝掛け算〟の発想が必要だろう。ポスターを構成する一枚一枚の写真が調和していて、全体的にイメージの統一性があれば、複数の写真が掲載されていても、シンプルで力強く見えるかもしれない。

もしくは、1枚のポスターにたくさんの地域を入れ込むのではなく、1地域1枚で、複数のパターンのポスターをつくることだ。その場合にも、イメージの統一性や、一貫した「地域らしさ」は欠かせない。

引き算思考とメリハリが大切

「脳が瞬時に把握できる個数は三つまでで、四つ以上になると脳への負担が増える」（池谷2019）

消費者は、脳の負担を避けるため、情報量が多いポスターを見ると、無意識に避けてしまうかもしれない。

そもそも、消費者が、ポスターを見る時間は、ほんの一瞬だ。わざわざ立ち止まって、じっくりと眺める人は少ない。ポスターのつくり手は、目の前で見るが、顧客は遠くから、動きながら見る。細かな写真は、認識されにくい。

だが、現実はどうだろう。

情報を詰め込んだ「足し算」のポスター、リーフレット、カタログなどを見かけることがとても多い。実際、駅で見かけた「観光キャンペーン」では、1枚のポスターに18枚もの写真が使われていた。

なぜ、「足し算型」のキャンペーンが多いのだろうか。

その理由は、次の2つが考えられる。

①足し算思考：いろいろあれば、どこかに引っかかるだろう
②平等主義　：すべてのエリアを平等に掲載しよう

だが、「足し算思考」と「平等主義」では、ブランドは生まれない。ブランドを生み出すために大切なのは、「引き算思考」と「メリハリ」である。

「そうだ 京都、行こう。」の引力が生まれる理由

多くの人が、どこかで「そうだ 京都、行こう。」のポスターを見たことがあるだろう（図9－5）。平安京遷都から1200年の節目を前に、1993年からスタートしたJR東海

図9-5：「そうだ 京都、行こう。」

の広告キャンペーンだ。

ポスターに利用されているのは、1枚の大きな写真だ。複数の写真が使われることはない。たとえば、春のシーズンだと、桜の名所を毎年1か所だけピックアップしている。

写真は、観光客の目線で撮影されている。写真の中に、廊下、柱、畳、縁側など、建物の一部が写り込んでいることがあるが、それは観光客の目線だからだ。写真が1枚しかないので、その先に何があるのだろうと、人々の想像力も喚起する。

言葉自体も、引き算だ。「京都に行こう。」ではなく、「京都、行こう」と、助詞が引き算されている。それによって、より会話に近く、顧客目線のインパクトが強い言葉になっている。

このキャンペーンが、これほど長期にわたり、人々の支持を受けている理由は、「引き算の発想」であり、「観光客目線」だからだろう。

今後も、このキャンペーンでは、風景を〝幕の内弁当的〟に詰め込んだポスターは作られないはずだ。

「引き算」の情報発信

現代の人々は、情報の洪水の中にいる。観光に関する情報も過多だ。地域側には、顧客に伝えたいことは数多くあるかもしれないが、情報の発信においても、引き算の発想が有効になる。

たとえば、ベストセラーの旅行ガイドブックの『ことりっぷ』。2008年に創刊し、その後10年近くでシリーズ累計1500万部以上を発行している。

なぜ、このガイドブックがこれほど売れているのか。

その理由も、「引き算」にあるのかもしれない。

第一は、情報量の引き算だ。通常のガイドブックの4分の1程度と、情報は絞られている。

第二は、サイズの引き算である。小さなカバンの空きスペースに入るコンパクトなサイズだ。

第三は、重さの引き算。既存のガイドブックは重さに関する不満があったが、軽い紙を利用して軽量化を実現している。

第四は、ターゲットの引き算だ。ターゲットを女性に絞り込んでいる。

第五は、デザインの引き算である。小型ながら、紙面には余白もある。表紙のデザインもシンプルだ。

さらに、この本は、朝昼晩、その地域で過ごす姿がイメージしやすいよう、情報が提供されている。読者は、旅での一日の流れが、具体的にイメージできる。

「イメージができれば、選ばれる」の法則は、ここでも当てはまっている。

引き算は、SNSと親和性が高い

引き算の発想は、ソーシャルメディア（SNSなど）での情報発信の促進にも有効である。先ほど見た「足し算のポスター」と「引き算のポスター」のどちらが、SNS映えするだろうか（図9―6）。

明らかに、「引き算のポスター」だろう。

SNS映えするということは、言葉を変えると、

「たった1枚の写真で、感動が伝えられ、共感を生み出すことができる」

図9-6：どちらがSNS映えするか

足し算ポスター　引き算ポスター

ということである。

「引き算」をすれば、ＳＮＳなどを経由した情報発信も促進されやすくなるはずだ。

第10章

「食」がブランドを強くする

あなたは、次の文章の空欄にどのような言葉を入れるだろうか。

観光地 ＋「　　　」＝ 満足

全国の消費者に、思い浮かぶ言葉を自由に入れてもらった。

結果は、表10－1に示したとおりだ。


もっとも多くあがった単語は、「おいしい」である。

以下、「食事」「グルメ」「料理・ご飯」「食べ物・食」など、食に関する単語がベスト10のうち5つもランクインしている。

観光地のブランドづくりにおいて、「食」がいかに大切なのかを示す結果だろう。

表10－2は、東京都の消費者が観光旅行に行く地域を選ぶときに何を重視するのかを、男女別に聞いた結果である。男女ともに、「食事がおいしい」が第1位だ。


そこで本章では、食を活用した「地域引力」の向上についてみていくことにしよう。

表 10-1：観光地 ＋「　　　　　」＝ 満足

順位	キーワード	出現頻度	順位	キーワード	出現頻度
1	おいしい	141	6	食べ物・食	43
2	食事	126	7	京都	42
3	温泉	102	8	北海道	34
4	グルメ	77	9	沖縄	33
5	料理・ご飯	53	10	景色	20

（出所）全国消費者1000人調査（2018年11月）

表 10-2：消費者が観光旅行に行く地域を選ぶときに何を重視するのか

	男性	平均値		女性	平均値
1	食事がおいしい	3.92	1	食事がおいしい	4.35
2	リラックスできる	3.89	2	リラックスできる	4.25
3	のんびり過ごすことができる	3.86	3	癒やされる	4.22
4	癒やされる	3.80	4	安らげる	4.20
4	美しい風景がある	3.80	5	のんびり過ごすことができる	4.19
4	安らげる	3.80	6	その地域ならではの食がある	4.05
7	その地域ならではの食がある	3.74	7	美しい風景がある	4.02
8	アクセスが良い・行くのが便利	3.63	8	アクセスが良い・行くのが便利	3.93
9	自然に触れられる	3.62	9	接客が快適である	3.91
9	宿泊費が安い	3.62	10	接客が丁寧である	3.84

（注）重視度を5点尺度で把握（とても重視する5〜まったく重視しない1）
（出所）東京都消費者1000人調査（2018年10月）

ブランド力のある地域は、「おいしい」

ここで、もう一度、前掲の表10－1をみてみよう。7位、8位、9位には、「京都」「北海道」「沖縄」がランクインしている。

「観光地＋京都　＝満足」
「観光地＋北海道＝満足」
「観光地＋沖縄　＝満足」

この3地域のブランド力の高さを示す結果だろう。

では、「京都」「北海道」「沖縄」といったブランド力の高い地域を訪れた観光客は、それぞれの地域に対して、どのような印象を抱いたのだろうか。

これを確認するため、「京都」「北海道」「沖縄」での旅行を記述したブログを分析してみることにした。ブログは、消費者の気持ちを反映しているはずだ。

具体的には、それぞれの「地名」と「旅行」という言葉が含まれているブログを全国から収集し、どのような単語が多く書かれているのかを分析した。消費者の気持ちをみるため

表10-3：旅行ブログの頻出形容詞ランキング（京都、北海道、沖縄）

京都 ＋ 旅行			北海道 ＋ 旅行			沖縄 ＋ 旅行		
順位	形容詞	出現率	順位	形容詞	出現率	順位	形容詞	出現率
1	良い	7.7	1	良い	8.3	1	楽しい	7.6
2	楽しい	7.3	2	おいしい	7.3	2	良い	6.9
3	おいしい	6.6	3	楽しい	5.0	3	おいしい	6.3
4	多い	4.9	4	多い	4.5	4	多い	4.3
5	早い	4.8	5	寒い	3.8	5	早い	3.6
6	暑い	2.8	6	早い	3.7	6	よい	2.8
7	よい	2.7	7	うれしい	3.0	7	うれしい	2.7
8	うれしい	2.2	8	暑い	2.5	8	寒い	2.5
9	すごい	2.1	9	高い	2.1	8	無い	2.5
10	かわいい	2.0	10	無い	1.8	10	暑い	2.4

（注1）分析期間：2018/01/01～12/31
（注2）出現率は、上位100単語に占める構成比

に、単語は「形容詞」を抽出している。

結果は、表10－3に示したとおりだ。「京都」の旅行ブログをみると、もっとも頻出する形容詞は「良い」である。次いで、「楽しい」「おいしい」の順である。「北海道」は、「良い」「おいしい」「楽しい」の順だ。「沖縄」は、「楽しい」「良い」「おいしい」の順である。

驚くことに、これら3地域の旅のブログに出てくる上位3位の形容詞すべてに、「おいしい」という言葉が入っている。

この結果から示唆されるのは、次の2点だ。

● ブランド力の高い地域は、「おいしさ」を観光客に提供している

●観光地で体験した「おいしさ」は、ブログなどソーシャルメディアを通じて、消費者から消費者に伝わっていく

海外が認識する「日本の強み」は何か

インバウンド観光でも、日本の「食」は武器になるのだろうか。

海外の消費者に、日本の「強み」を聞いてみた。

対象とした地域は、「アメリカ」「イギリス」「オーストラリア」「シンガポール」の4か国である。具体的には、次の文章の空欄に、自由に単語を入れてもらった。

日本の強みは、［　　　　　　　　］である。

結果は、表10－4に示したとおりである。

どの国の人々も、日本の強みとしてあげる言葉のベスト3が共通している。「culture」「people」「food」だ。いずれの国も、「food」が含まれている。インバウンド観光客を引きつけるために、「食」がいかに重要なのかを示す結果だろう。

たとえば、「地域で人々が受け継いできた食文化」などは、「culture」×「people」×

表10-4：海外の消費者が考える「日本の強み」
——日本の強みは、〇〇である——

アメリカ人

順位	キーワード	出現頻度
1	culture	132
2	people	116
3	food	70
4	technology	45
5	beauty	30
6	economy	25
7	history	21
8	electronics	16
9	cuisine	15
10	hospitality	13

（出所）アメリカ人1000人調査（2013年7月）

イギリス人

順位	キーワード	出現頻度
1	culture	144
2	people	33
3	food	30
4	unique	24
4	technology	24
6	history	22
7	different	17
8	friendly	14
9	scenery	13
10	hospitality	10

（出所）イギリス人500人調査（2015年10月）

オーストラリア人

順位	キーワード	出現頻度
1	culture	120
2	food	40
3	people	30
4	unique	15
5	technology	13
6	clean	12
7	history	8
8	scenery	6
8	modern	6
8	beauty	6

（出所）オーストラリア人500人調査（2017年1月）

シンガポール人

順位	キーワード	出現頻度
1	culture	95
2	food	63
3	people	44
4	clean	41
5	good	28
6	friendly	24
7	polite	16
8	safe	15
8	nice	15
10	scenery	14

（出所）シンガポール人500人調査（2016年8月）

「food」の〝掛け算〟になるため、強い引力を生み出す観光資源になるはずだ。

売り手が考える「強み」≠買い手が考える「強み」

往々にして、売り手が考える「強み」と、買い手が認識する「強み」とは一致しないことがある。では、日本人は日本の「強み」をどのように考えているのだろうか。日本人にも、先ほどと同様の質問をしてみた。

結果は、表10－5に示したとおりである。

ベスト3は、「安全」「治安」「おもてなし」である。以下、「心」「親切」「安心」などが続いている。

日本人が考える日本の強みを一文にすると、

「治安が良く安全安心で、おもてなしや親切の心があり、四季のある自然豊かな国」

というイメージである。

一方、海外の消費者が考える日本の強みベスト3は、既述のとおり「culture」「people」「food」である。日本の消費者が考えている「日本の強み」と、海外の人々が考える「日本の強み」には、ギャップがあるようだ。

第6章で述べたとおり、売り手サイドが「強み」だと思っていても、顧客がそう思わなければ、真の「強み」にはならない。

地域引力を生み出すためには、顧客が認識する「強み」を把握し、それを徹底的に伸ばす発想が必要だ。

海外の人が考える「日本の強み」
「culture」「people」「food」

≠

日本人が考える「日本の強み」
「安全」「治安」「おもてなし」

表10-5：日本の消費者が考える「日本の強み」
――日本の強みは、○○である――

順位	キーワード	出現頻度
1	安全	134
2	治安	109
3	おもてなし	84
4	心	41
5	親切	38
6	安心	34
6	四季	34
8	サービス	33
9	文化	31
10	自然	25

（出所）日本人1000人調査（2013年7月）

MICEも、「食」がポイント

「MICE」（Meeting・Incentive Travel・Convention・Exhibition/Event：会議、報奨・研修旅行、コンベンション、展示会・見本市・イベント）などのビジネス旅行は、地域外から人、モノ、カネ、情報、知識などを呼び込むため、地域にさまざまな経済的、社会的波及効果をもたらす。

コンベンションや展示会などの開催は、地域のイメージ・アップやブランド力の強化にもつながるため、近年、多くの地域がＭＩＣＥ開催に力を入れている。

では、魅力的なＭＩＣＥ都市とは、どのような都市だろうか。

おそらく、コンベンションや展示会などで地域に来訪した人々が、「この街に満足できた」「この街に来て良かった」と思う地域であろう。

それでは、ＭＩＣＥ参加者の「地域に対する満足度」は、どのような要因によって決まってくるのだろうか。

交通アクセスだろうか、宿泊施設や会場施設の魅力だろうか、飲食機能だろうか、買い物機能だろうか、それとも、何か他の要因が影響するのだろうか。

図10－1は、コンベンションの参加者を対象に実施した調査の分析結果である（岩崎・渡辺 ２０１０）。この図が示すとおり、コンベンション参加者の地域への満足度（参加者満足度）にもっとも影響を与えているのは、「ならではの食との出会い」だ。

すなわち、コンベンションで訪れた人々のうち、その地域ならではの食の魅力に出会えた人ほど、地域に対する満足度が高くなる。

このことは、表10－6からも明らかだろう。「ならではの食」に出会えたコンベンション参加者の73％は、その地域に「満足」している。

図 10-1：コンベンション参加者の「地域への満足度」に影響を及ぼす要因

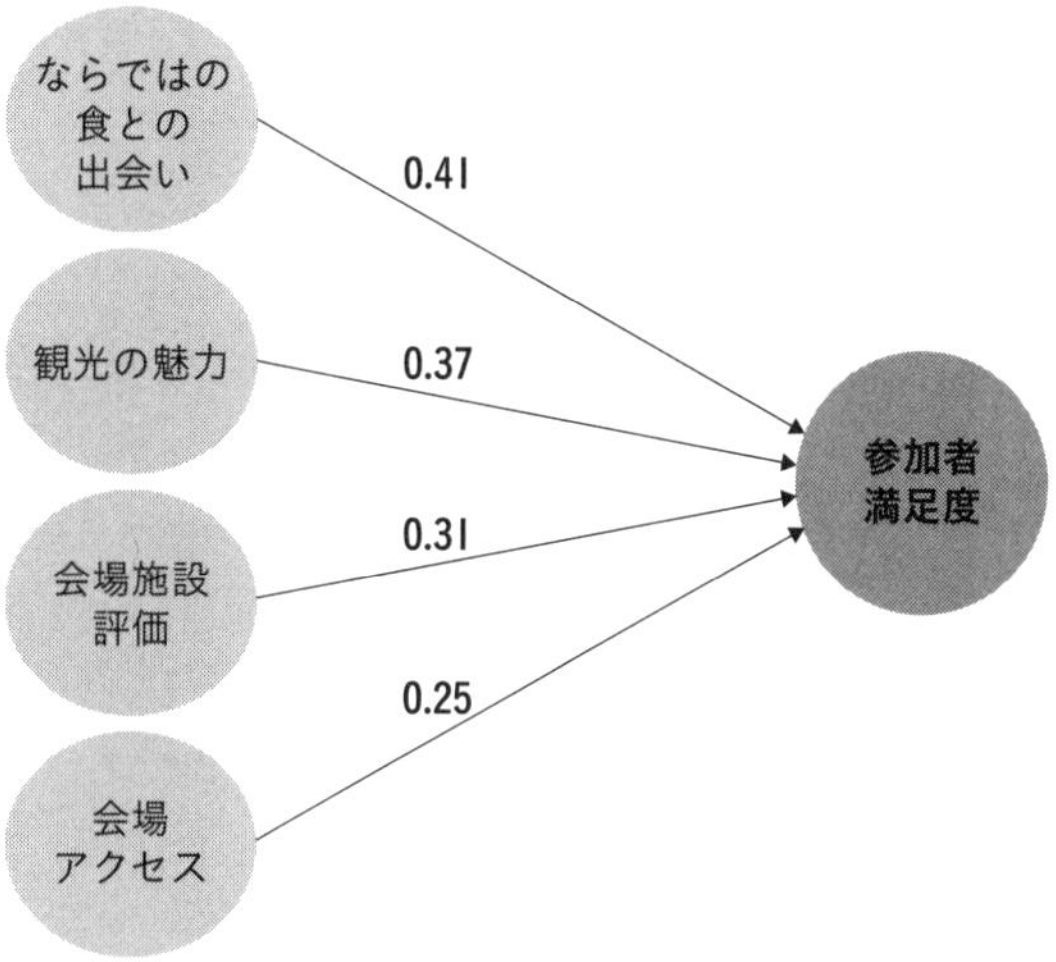

（注）数字は、標準化回帰係数であり、参加者満足度への影響度の大きさを示す。
（出所）岩崎・渡辺（2010）

表 10-6：「ならではの食との出会い」と「コンベンション開催地域への満足度」の関係
――ならではの食に出会えたか否かによって、満足度は大きく異なる――

	コンベンション開催地域に対する満足度 (%)				
	満足	やや満足	どちらともいえない	やや不満	不満
ならではの食に出会えた参加者	73	22	4	1	0
ならではの食に出会えなかった参加者	13	25	35	14	13

（出所）岩崎（2011）

一方、出会えなかった参加者については、「満足」した人はわずか13％である。

ＭＩＣＥなどのビジネス旅行においても、「食」が地域への満足度を高めるキーポイントになっているということだ。

「食のまち」で、地域引力が生まれるか

ここまで、観光における「食」の重要性をみてきた。では、各地域が、「食のまち」といったＰＲをすれば、地域引力は生まれるのだろうか。

そのような単純な話ではない。

ここで検索サイトを利用して、「食のまち」を検索してみよう。何件ぐらいヒットするだろうか。

結果は、図10－2のとおりだ。

なんと、４億６０００万件もヒットする。全国には「食のまち」を標榜する地域がいたるところにある。まさに、「ジャングル」だ。「食のまち」を訴求したとしても、ほとんどの地域は、どこかに埋もれてしまうはずだ。

そもそも、「食」全般で競争しようとしても、「北海道」にはかなわないだろう。第７章（表７－１）でみたとおり、全国の消費者に「食と聞いて思い浮かべる都道府県」を聞くと、

図10-2：「食のまち」の検索結果

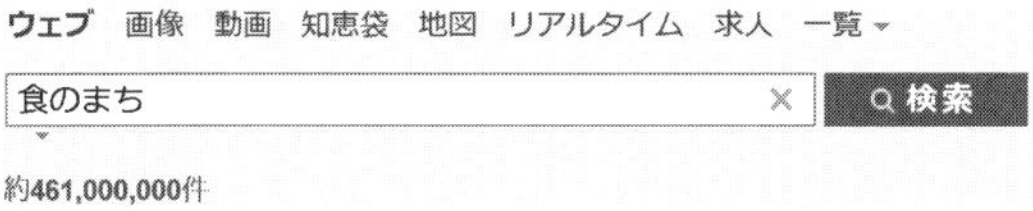

（出所）2019年5月22日検索（Yahoo! JAPAN）

4割以上の消費者は北海道をイメージする。

ならではの食はあるか

人々が、単に「食のまち」と聞いたときに、心の中にイメージが浮かぶだろうか。

おそらく、浮かばない。

「イメージが浮かばなければ、選ばれない」という法則は、食の分野でも当てはまる。たとえば、次のようなＰＲを各地の観光関係者から聞くことが多いが、いずれもＮＧかもしれない。

「この地域では、さまざまな味を楽しむことができます」
「生産される食材の種類が、たくさんあります」

「さまざまな味」「食材の種類がたくさん」と聞いても、具体的なイメージが浮かばない。

消費者に「食」でイメージを浮かべてもらうためには、「この地域なら○○」といった〝ならではの食〟〝名物料理〟などが不可欠だろう。

仙台といえば「牛タン」、宇都宮といえば「餃子」、長崎といえば「ちゃんぽん」、札幌といえば「ジンギスカン」、香川といえば「うどん」、熊本といえば「馬刺し」、広島といえば「お好み焼き」、飛驒高山といえば「飛驒牛」など。

実際に食べているシーンや、おいしそうな味が想像できれば、「そこに行きたい」という引力が生まれるはずだ。

「食」で地域引力を強くする方法

「食」のブランドづくりで大切な条件を、もう一つあげよう。

それは、「出会いの場」だ。

「かつお」と聞くと、あなたは、どの地域を思い浮かべるだろうか。東京都の消費者に、次の文章の空欄に自由に地名を入れてもらった。


「かつお」といえば、「　　　　　　　」。

結果は、表10－7に示したとおりだ。

圧倒的に多くの人があげるのは、「高知（土佐）」である。選択肢なしに、自由に地名を書いてもらったにもかかわらず、回答者の半数が「高知（土佐）」をあげている。実際、かつおを楽しみに、高知を訪れる人も多いはずだ。

では、「かつお」の漁獲量が一番多い都道府県はどこだろうか。高知県だろうか。

そうではない。

かつおの漁獲量の第1位は「静岡県」、2位は「東京都」、3位は「宮城県」である。「高知県」はベスト3には入っていない（表10－8）。

では、なぜ、かつおの漁獲量では「静岡県」がナンバー1なのに、人々のイメージでは「高知県」が圧倒的に第1位になるのだろうか。

その理由は、両地域における「出会いの場」の違いだ。

地域の「食」のブランドづくりにおいて大切なのは、「生産量」や「漁獲量」の多さではない。観光客や地元の人々が、その食と出会える場所の多さである。

高知県に行くと、食堂、居酒屋、市場などで、観光客も地元の人々も、かつお料理に出会える場所がたくさんある。「鰹の

表10-7：かつお、といえば〇〇（地名）

順位	キーワード	出現頻度
1	高知	330
2	土佐	139
3	焼津	54
4	枕崎	23
5	北海道	14

（出所）東京都消費者1000人調査（2016年9月）

表 10-8：かつおの漁獲量

	1位 静岡県	2位 東京都	3位 宮城県	全国
漁獲量（t）	72,269	24,684	23,098	218,977
全国に占める割合（%）	33	11	11	100

（出所）農林水産省「漁業・養殖業生産統計年報」（2017年）

図 10-3：グルメサイトでの「鰹たたき」検索結果
――高知県は、出会いの場が多い――

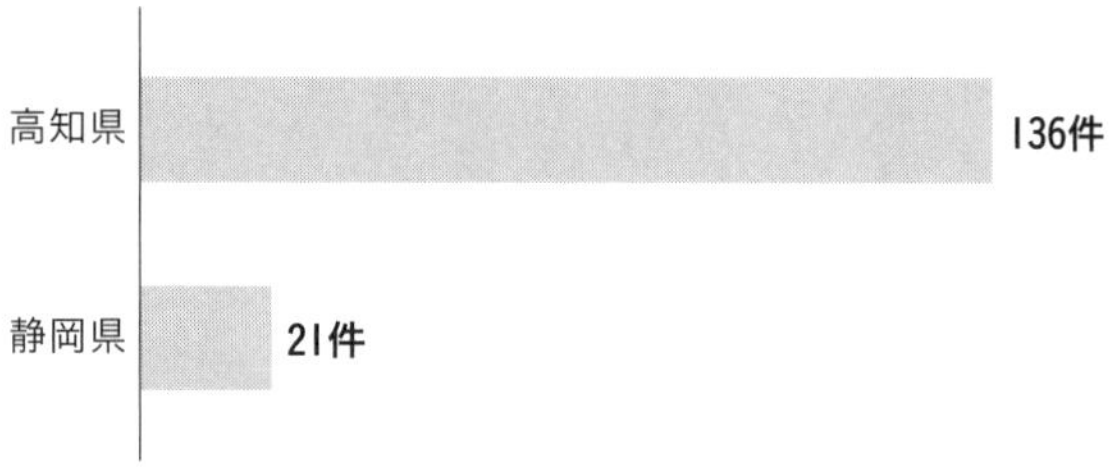

（注）「食べログ」を利用して検索（2019年4月22日）
検索方法は「高知県」＆「鰹たたき」、「静岡県」＆「鰹たたき」で検索

たたき」という定番料理もある。

　ここで、グルメサイトを利用して、両県でのかつおの食との「出会いの場」の数を比較してみよう。

「高知県」＆「鰹たたき」で検索すると、136件の飲食店が出てくるが、「静岡県」＆「鰹たたき」で検索すると、わずか21件だ。高知県の6分の1以下である（図10－3）。

　高知県の人口は静岡県の5分の1にもかかわらず、鰹のたたきとの「出会いの場」は6倍以上もある。

「出会いの場」を増やそう

かつおの次は「うなぎ」だ。あなたは、次の文章の空欄にどのような地名を入れるだろうか。

「うなぎ」といえば、「　　　　」。

消費者調査の結果は、表10－9に示したとおりである。

圧倒的に多くの人があげるのは、「浜松（浜名湖・静岡）」である。選択肢なしに、自由に書いてもらったにもかかわらず、回答者の6割以上が「浜松（浜名湖・静岡）」をあげている。

では、「うなぎ」の生産が一番多い都道府県はどこだろうか。浜松市・浜名湖のある静岡県だろうか。

そうではない。

うなぎの生産量の第1位は「鹿児島県」、2位は「愛知県」、3位は「宮崎県」である。「静岡県」はベスト3には入っていない（表10－10）。

表10-9：うなぎ、といえば○○（地名）

順位	キーワード	出現頻度
1	浜松	292
2	浜名湖	193
3	静岡	147
4	鹿児島	21
5	名古屋	11

（出所）東京都消費者1000人調査（2016年9月）

表 10-10：うなぎの生産量

	1位 鹿児島県	2位 愛知県	3位 宮崎県	全国
生産量（t）	6,381	3,459	2,539	15,104
全国に占める割合（%）	42	23	17	100

（出所）日本養鰻漁業協同組合連合会（2018年）

図 10-4：グルメサイトでの「うなぎ」検索結果
――静岡県は、出会いの場が多い――

（注）「食べログ」を利用して検索（2019年4月22日）
検索方法は「静岡県」＆「うなぎ」、「鹿児島県」＆「うなぎ」で検索

では、なぜ、うなぎの生産量では「鹿児島県」がナンバー1なのに、人々の心にあるイメージのシェアでは「浜松（浜名湖・静岡県）」が圧倒的に第1位なのだろうか。

その理由は、先にみた「かつお」のケースと同じだろう。「出会いの場」の違いである。

グルメサイトで「静岡県」＆「うなぎ」で検索すると、395件の飲食店が出てくるが、「鹿児島県」＆「うなぎ」で検索すると、わずか45件だ。

うなぎの生産量では、鹿児島県は静岡県の4倍を超えているにもかかわらず、出会いの場は静岡県の9分の1である（図10－4）。

さらに、静岡県には、うなぎを食べる場が多いだけでなく、「うなぎパイ」や「うなぎいも」など、うなぎに関連する人気商品も充実している。

ブランドづくりは、「食べるモノ」より「食べるコト」

ここまでみたとおり、「食」による地域のブランドづくりは、「出会いの場の多さ」がポイントだ。

かつおのブランド化であれば、かつおという海産物の漁獲量を訴求するだけでなく、おいしい「鰹のたたき」を食べる場を増やしていく。

うなぎのブランド化であれば、うなぎの生産量ではなく、おいしい「うな重」を食べる場所が豊富にあることを訴求していく。

写真10－1をみてほしい。

あなたは、右と左のどちらの写真に引きつけられるだろうか。

おそらく、いずれも、右側だろう。

食を活用した地域のブランドづくりで大切なのは、「食べるモノ（食物）」ではなく、「食べるコト（食事）」である。

「かつお」の漁獲量でなく、「鰹のたたき」との出会いの場

食べるモノ

食べるコト

「うなぎ」の生産量でなく、「うな重」との出会いの場

食べるモノ

食べるコト

写真10-1：食のブランドづくりは、「食べるモノ」よりも「食べるコト」

「コトづくり」で負けていないか

「地域で生産量が多い食材を、ブランド化しよう」

地域経済の現場において、こういった話を聞くことが多い。だが、生産量が多いだけでは、ブランドづくりはうまくいかない。

ここまでみてきたとおり、地域の食を活用したブランドづくりは、食材の「生産量」の多さではなく、食との「出会いの場」の多さが重要になる。

だが、日本の各地には、生産量が多いにもかかわらず、「出会いの場」が少ないという課題を抱える地域がたくさんある。

ここで、「お茶」の例をみてみよう。

「お茶」の生産量の全国一は、静岡県である。静岡のお茶は品質が高く、とてもおいしい。筆者は毎日何杯も楽しんでいる。魅力的な生産者も多く、美しい茶畑の風景も豊富にある。

お茶といえば、「静岡」だけでなく、「京都」を思い浮かべる人も多いが、静岡県の茶葉(一番茶)の収穫量は、京都府のほぼ9倍である(図10－5)。静岡県は、お茶に関する「モノづくり」では日本一だ。

図10-5：茶葉（一番茶）の収穫量（静岡県と京都府）

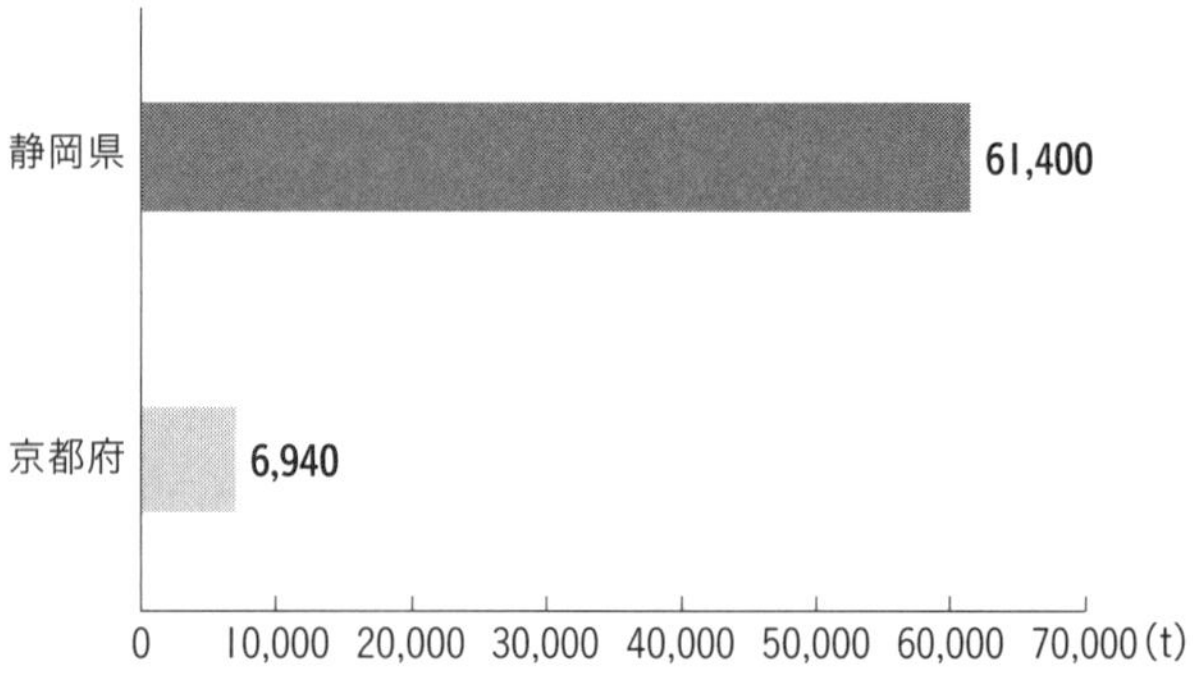

（出所）農林水産省作物統計調査（2018年）

では、人々がお茶を楽しむ場づくり、すなわち「コトづくり」はどうだろうか。

グルメサイトで「静岡県」＆「お茶」で検索したところ、わずか20件の店しか出てこない。

一方、「京都府」＆「お茶」で検索してみると、何件ヒットしただろうか。

なんと４４８４件だ。

コトづくりでは、京都は静岡の２００倍以上だ（図10－6）。古都だけに、コトづくりでは、先を行っているということだろうか。

この違いは、新幹線で両駅に行ってみれば実感できるだろう。京都駅に行くと、お茶と和菓子・スイーツを楽しめる店がたくさんある。一方、静岡駅には、お茶を楽しめる店はほとんどない。お茶の店よりも、コーヒー店の方が目立っている。

ブランド力に影響を与えるのは、「モノづくり力」ではなく、「コトづくり力」だ。

図10-6：グルメサイトでの「お茶」の検索結果

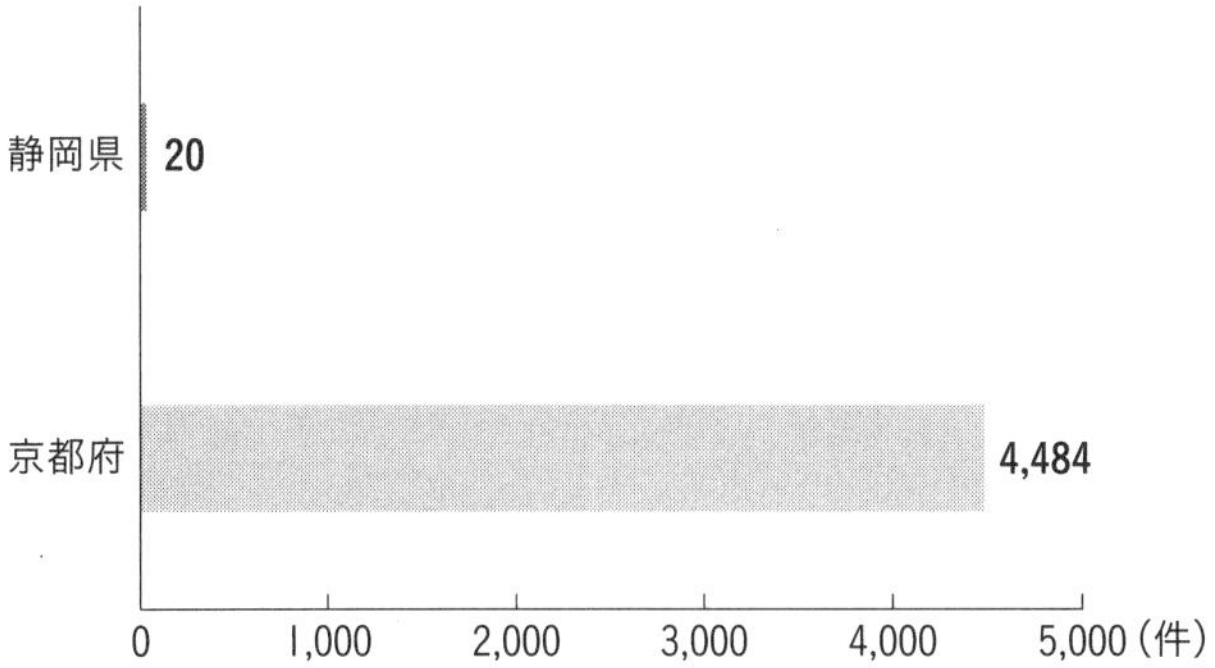

（注）「食べログ」を利用して検索（2019年4月18日）

たとえば、ペットボトルの緑茶ドリンクを考えてみよう。その全国シェアをみると3大ブランドは、「お～いお茶」「綾鷹」「伊右衛門」である。

いずれのパッケージにも地名が書いてあるが、何と書いてあるだろうか。

お～いお茶には「日本」と書いてある。綾鷹は「宇治」、伊右衛門には「京都」と書いてある（図10－7）。

なぜ、「静岡」と書いてある商品がないのか。

おそらく、両地域のブランド力の違いだろう。

事実、「静岡」の地名を利用して、全国区の強いブランドになっている緑茶ドリンクはない。過去、挑戦した企業もあるが、残念ながらうまくいっていない。茶業者の業績をみても、静岡に比べ、京都の業者の業績がはるかによい（表10－11）。

図 10-7：緑茶ドリンク　上位3ブランドのパッケージ
──「静岡」と書かれたパッケージはない──

「日本」　　「京都」　　「宇治」

表 10-11：茶業者の業況（静岡、京都）

（%）

	好調	やや好調	停滞	やや不振	不振
静岡	1.3	10.2	42.7	21.0	24.8
京都	13.2	18.9	34.0	22.6	11.3

（出所）岩崎研究室 茶業者調査（2016年10月、静岡157社、京都53社）

モノづくりを超える「コトづくり」

あなたは次の式の空欄にどのような言葉を入れるだろうか。

緑茶 ＋ □ ＝ 満足

緑茶の「生産者」に聞いてみると、「おいしさ」「品質」「うま味」といった言葉をあげる人が多い。同じ質問を「消費者」にしてみると、その回答は生産者とはまったく異なる。圧倒的に多くの消費者があげるのは、「和菓子」「茶菓子」「スイーツ」といった言葉だ。

（生産者） 緑茶 ＋ おいしさ、品質、うま味 ＝ 満足
（消費者） 緑茶 ＋ 和菓子、茶菓子、スイーツ ＝ 満足

この結果から示唆されることは何だろう。

そう、生産者と消費者の視点が違うということだ。生産者の頭の中には、「茶葉（モノ）」がある。一方、消費者の心の中には「お茶を楽しむ時間や空間（コト）」がある（写真10－2）。

生産者の視点＝モノ
「茶葉」

消費者の視点＝コト
「お茶の空間・時間」

写真10-2：生産者の視点と消費者の視点

消費者の心を引きつけるのは、モノづくりを超えた、コトづくりだ。

地域産業の連携が不可欠

モノづくりを超えた、コトづくり。

こう考えると、食による観光のブランドづくりは、農業者や生産者だけではうまくいかないことが分かる。もちろん、観光業者だけでも難しい。

ブランドづくりにおいては、一次産業（農業など）、二次産業（製造業）、三次産業（小売業、飲食業、宿泊業、観光業など）を含めた地域産業の連携が欠かせないということだ。

食による観光のブランドづくり
＝　一次産業　×　二次産業　×　三次産業

図10-8：ブランドづくりは、「モノづくり」と「コトづくり」の掛け算

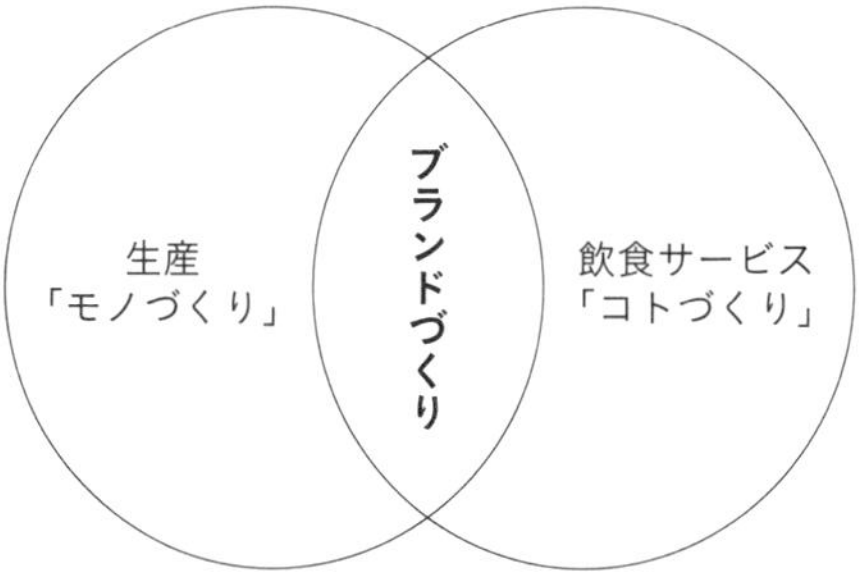

だが、現状をみると、「農業・生産」と「飲食サービス・観光」の連携が弱く、一体的な活動がなされていないケースが多い。モノとコトが分離してしまっている。

食による観光のブランドは、生産（モノづくり）と飲食サービス（コトづくり）の〝掛け算〟によって生まれることを、改めて認識する必要があるだろう（図10－8）。

たとえば、「観光農業」や「グリーン・ツーリズム（農山漁村において自然、文化、人との交流を楽しむ滞在型の余暇活動）」は、モノとコトを結ぶ、最強の手段になるはずだ。農産物を消費地に売り込みに行くのではなく、消費者に、地元の「農と食」に出会いに来てもらおう。

「農業者」と「地元の飲食店やシェフ」との連携なども、出会いの場を増やすにあたって、極めて有効になるだろう。

第11章

ブランドづくりの6ステップ

ここまでは、観光における強いブランドにはどのような特徴があるのか、地域引力を生み出すためのポイントは何かなどについて検討をしてきた。

この章のはじめに、前章までの検討結果を踏まえて、「地名」と「ブランド」の特徴を対比しておこう。「地名」と「ブランド」を比較することによって、観光のブランドづくりのポイントが浮かび上がってくるはずだ。

表11－1の左列が「地名」の特徴、右列が「ブランド」の特徴である。

表 11-1：「地名」と「ブランド」の違い

地名	ブランド
「来てください」	「行きたい」
名前を聞いてもイメージが浮かばない	名前を聞くとイメージが浮かぶ
「らしさ」を言葉にできない	「らしさ」を言葉にできる
尖りがない	尖りがある
2番手以下	オンリー1＝特定分野でナンバー1
シンボルがない	シンボルがある
足し算「いろいろ」	引き算・掛け算「絞る」
口コミが生まれない	口コミが発生しやすい
どこにでもある食	ならではの食
顧客数を追求	顧客満足度を追求
一見客が多い	リピーターが多い
他地域に視察に行く	他地域から視察される

ブランドづくりの流れ

では、「地名」を「ブランド」に変える、観光のブランドづくりは、どのような手順で進めていけばよいのだろうか。

以下、具体的にブランドづくりの流れをみていくことにしよう。

図11−1は、ブランドづくりの流れを概観したものである。

この図に示すとおり、観光のブランドづくりは、①「組織づくり、ベクトル合わせ」、②「地域の現状分析」、③「ブランド・アイデンティティの構築・共有」、④「ブランド戦略の実行」、⑤「ブランドの評価・モニタリング」、⑥「ブランドの磨き上げ」の6つのステップで進められる。

各ステップの内容について、具体的にみていこう。

STEP 1 ● 組織づくり、ベクトル合わせ

ステップ1は、ブランド構築のプラットフォームとなる「組織づくり」と、ブランドに関する「ベクトル合わせ」である。

図11-1：ブランドづくりのステップ

STEP 1：組織づくり、ベクトル合わせ

- ブランド構築の組織づくり
- ブランドに関するベクトル合わせ

↓

STEP 2：地域の現状分析

- 地域イメージ
- ブランド力
- 地域の強み
- 地域資源の魅力度測定

↓

STEP 3：ブランド・アイデンティティの構築・共有

- ブランド・アイデンティティ（目指すべき地域像）の構築
- ブランド・アイデンティティの共有化

↓

STEP 4：ブランド戦略の実行

- ブランド要素（ロゴ、ウェブサイト、ポスターなど）の作成
- 統一性、一貫性のあるコミュニケーション

↓

STEP 5：ブランドの評価・モニタリング

- 理想と現実のギャップ把握
- 観光客満足度調査
- 居住者満足度調査など

↓

STEP 6：ブランドの磨き上げ

- ここまでのステップを循環させたブランドの磨き上げ

地域のブランド構築には、地方自治体、観光協会、NPO法人、商工会・商工会議所、事業者、住民など、多様な組織や人が関わる。これらを束ねるプラットフォームとしては、DMO（Destination Management/Marketing Organization）や、地域の観光組織、地方自治体などがその役割を担うことが多い。

この段階で欠かせないのは、「ベクトル合わせ」である。

ベクトル合わせとは、

「ブランドとは何か」
「ブランドづくりとは何か」
「ブランドづくりの目的は何か」

を、ブランドづくりに関係するメンバーで共有することである。

企業が展開する商品のブランドと異なり、地域のブランドづくりは多様な組織と人々が関係する。企業と違い、命令系統や命令権限も明確でないことが多い。

だからこそ、スタート段階の「ベクトル合わせ」が極めて重要になる。

ベクトル合わせなしに、ブランドづくりは前進しない

しかしながら、地域におけるブランドづくりの現状をみると、ベクトル合わせがされないまま、プロジェクトがスタートし、進められていくケースが多い。

「ブランドとは何ですか？」

地域のブランドづくりのキックオフ・ミーティングなどで、こう尋ねると、多くの人が答えに詰まってしまう。

回答があったとしても、その答えはバラバラだ。ある人は「知名度の向上」、ある人は「プロモーションをすること」、ある人は「ロゴやポスターをつくること」、ある人は「セールス活動」など、メンバーがバラバラにブランドを捉えている。

これでは、ブランドづくりは、うまくいかないだろう。ベクトルがバラバラだと、力が打ち消しあい、前に進むことができない。

逆に、スタートの段階で、メンバーのベクトルを統一することができれば、強い力が生まれ、着実に前に進むことができる（図11－2）。

ブランドづくりは、スタートが肝心だ。

図11-2：スタート段階の「ベクトル合わせ」の大切さ

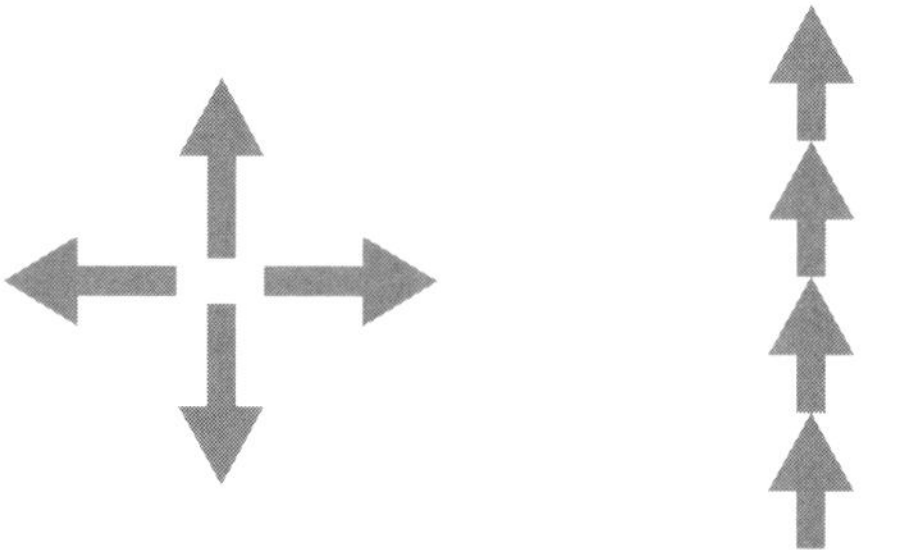

STEP 2 ● 地域の現状分析

ステップ2は、「地域の現状分析」である。ここで大切なのは、売り手の視点ではなく、買い手・観光客の視点で、現状を客観的に把握し、分析することである。

具体的には、消費者調査、観光客調査などを実施して、地域の現状を分析する。ここでの分析結果が、次のステップ以降の具体的な戦略を決める基礎データとなる。

調査項目の例を、次に示そう。

〈分析項目の例〉

- 地域のイメージ
- 知名度、ブランド力、訪問意向
- 地域の独自性
- 地域のポジショニング

- 地域の強み
- 地域の観光資源の洗い出しと魅力度の測定
- 地域に関心・訪問意向を示す消費者層の抽出
- 地域に関心・訪問意向を示す消費者特性の分析

など

STEP 3 ● ブランド・アイデンティティの構築と共有

軸なくば、ブランドなし

ステップ3は、「ブランド・アイデンティティ」の構築と共有である。ブランド・アイデンティティとは、「目指すべき地域像」「地域のありたい姿」である。

強いブランドには、ブレない「軸」がある。その軸となるのが、ブランド・アイデンティティだ。ブランドを一本の木にたとえると、ブランド・アイデンティティは「幹」になる（図11－3）。

しっかりした軸があれば、「何をすべきか」「何をすべきでないか」が明確になる。軸がな

図11-3：ブランド・アイデンティティは、木の「幹」

いと、「あれもこれも」となってしまい、戦略が定まらずブレてしまう。
ブランドづくりは、揺れることはあっても、ブレてはいけない。
だが、地域ブランドづくりの現状をみると、「目指すべき地域像」が明確化、共有されないまま、「ブランド」という言葉だけが先走りしているケースも多い。

「どのような地域になりたいですか？」

ブランドづくりのプロジェクトで、関係者にこう聞くと、多くの人が答えに詰まってしまう。「分からない」「まだ考えていない」と回答する人も多い。

「目指すべき地域像」が共有されていないのに、「知名度を高めよう」「キャンペーンをしよう」「プ

図 11-4：「ブランド・アイデンティティ」と「ブランド・イメージ」の関係

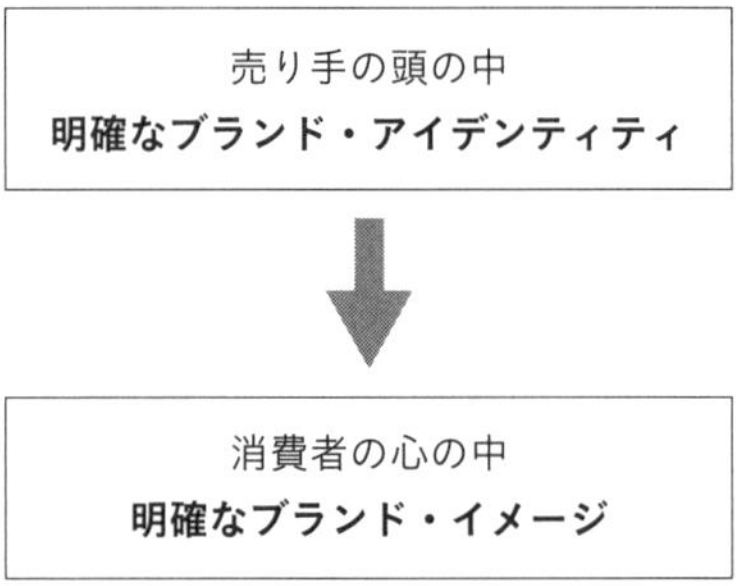

ロモーションをしよう」「ロゴをつくろう」「誘致だ」「セールスだ」というケースが目立つ。

これでは、ブランドづくりは、うまくいかないだろう。

「ブランド・アイデンティティ」と「ブランド・イメージ」

第3章で述べたとおり、強いブランドの条件は、ターゲットの心の中に明確なイメージが浮かぶことである。そのためには、地域側が「どのようなイメージを持ってもらいたいのか」を明確にする必要がある。

「ブランド・アイデンティティ」と「ブランド・イメージ」は、原因と結果の関係だ（図11－4）。

売り手の頭の中に明確なイメージ（ブランド・アイデンティティ）がなければ、消費者の心の中

図11-5：ブランド・アイデンティティの3条件

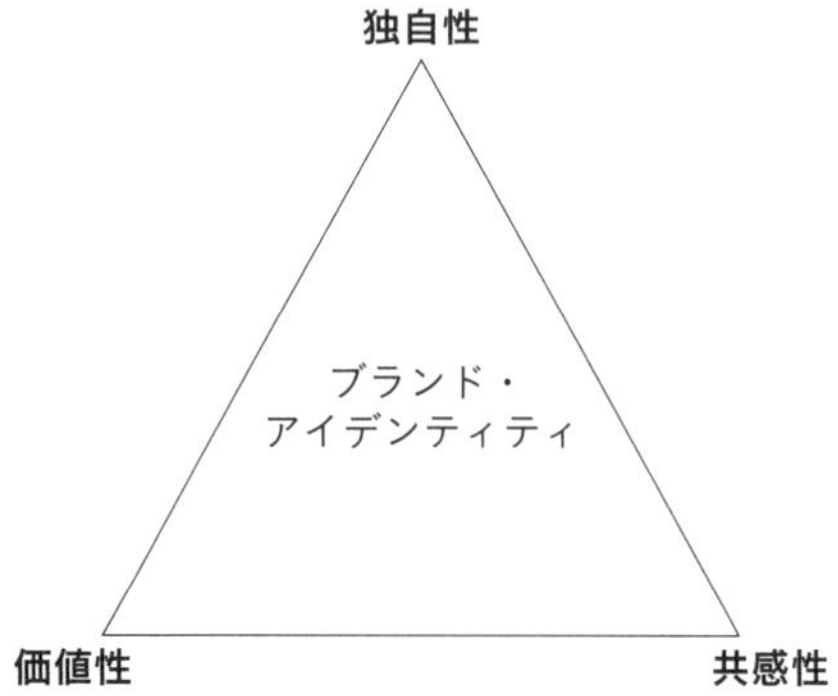

に明確なイメージを生み出すことはできない。

まず、「こういう地域になりたい」という想いが関係者で共有されて、はじめて、地域のブランドづくりは進んでいくのである。

ブランド・アイデンティティの3条件

ブランド・アイデンティティには、3つの条件が欠かせない。「価値性」「独自性」「共感性」の3条件だ（図11－5）。

それぞれの条件について、具体的にみてみよう。

①価値性

価値性とは何か。具体的な例をあげよう。

日本には、「日本のへそ」「日本の中心」に名乗

北海道のへそ　　一面に広がる色鮮やかなラベンダー畑

写真11-1：どちらの「価値性」が高いか

りをあげている地域が、いくつもある。さらに、「九州のへそ」「四国のへそ」もあれば、「北海道のへそ」もある。

その地域の人にとっては、「自分たちは、中心（へそ）に住んでいる」ということで、価値を感じるかもしれない。

だが、「へそ」だから、観光に行きたいと思う人はいるだろうか。「へそ」に一度は行ったとしても、また行きたい思う人はいるだろうか。

おそらく、少ないのではないか。

たとえば、北海道の富良野であれば、「北海道のへそ、富良野」よりも、「一面に広がる色鮮やかなラベンダー畑がある、富良野」の方が、圧倒的に「価値性」は高いはずだ（写真11－1）。

「価値性」とは、売り手にとって価値があるかではなく、「顧客にとって価値があるか」である。

② 独自性

強いブランドには、独自性がある。たとえば、あなたの頭の中にある京都のポジションと北海道のポジションはかぶらないはずだ。京都と沖縄のポジションも絶対にかぶらないだろう。

「緑と水と歴史の街」

こういったキャッチコピーを利用している地域を見かけることがあるが、ブランド・アイデンティティとしては、NGかもしれない。

なぜなら、「緑」がない地域はないし、「水」がない地域もない。どの地域にも、何かしらの「歴史」はあるからだ。

ためしに、〝街〟のところに自分が住んでいる地名を入れてみよう。あてはまる地域が多いはずだ。実際に、「緑と水と歴史の街」をネットで検索してみたら、800万件以上ヒットした。

なぜ、「緑と水と歴史の街」といったキャッチコピーを利用する地域が多いのだろうか。

おそらく、地域側の気持ちは、次のとおりだ。

(地域側の気持ち)

「緑があって、水がきれいで、歴史があれば、

どこかに消費者は関心を示してくれるだろう」

だが、消費者の気持ちは、そうはならない。

（消費者の気持ち）

「緑があって、水がきれいで、歴史がある。どこにでもある地域だ。わざわざ行く必要はないだろう」

消費者が、このキャッチコピーをみると、「行きたい気持ち」が喚起されるどころか、逆に、選ばなくなるということだ。

どの地域でもあてはまるアイデンティティで、強いブランドは生まれない。

③ 共感性

「共感性」とは、顧客が納得し、「いいね」と思ってくれることだ。

顧客の共感が得られなければ、ブランドづくりはうまくいかない。逆に、共感が得られれば、ブランドづくりは成功しやすくなる。

例をあげよう。

表11-2：どちらに魅力を感じますか
「青い空」

（％）

「青い空の京都に行こう」	「青い空の北海道に行こう」
12.5	87.5

（出所）全国消費者1000人調査（2019年6月）

あなたは、次のAとB、どちらのメッセージに引かれるだろうか。

A：「青い空の京都に行こう」
B：「青い空の北海道に行こう」

京都にも、北海道にも、美しい青空はある。にもかかわらず、「青い空の京都に行こう」というキャッチコピーは、消費者の共感を得にくい。圧倒的に多くの人は、「青い空の北海道に行こう」に引きつけられる（表11－2）。

人々が、その地域に対して、すでに持っているイメージと整合していれば、共感を得やすい。逆に、整合していなければ、共感を得にくいということだ。

次は、どちらに引かれるだろうか。

A：「京都　歴史旅」
B：「北海道　歴史旅」

表11-3：どちらに魅力を感じますか「歴史旅」

（%）

「京都　歴史旅」	「北海道　歴史旅」
82.4	17.6

（出所）全国消費者1000人調査（2019年6月）

北海道にも、歴史はあるにもかかわらず、圧倒的に多くの人は、「北海道　歴史旅」ではなく、「京都　歴史旅」に引きつけられる（表11－3）。

「北海道　歴史旅」というキャッチコピーが消費者の共感を得にくいのは、消費者の心の中に、「京都といえば、歴史」といったイメージがあるからだ。

STEP 4●ブランド戦略の実行

ロゴ、シンボル、ウェブサイト、ポスター、パンフレット、看板など、いわゆる「ブランド要素」をつくり、情報発信をするのは、この段階である。

ブランドづくりのプロジェクトをみると、いきなりステップ1の段階で、「まずは、ロゴづくりから」「とりあえず、ポスターをつくろう」「はじめに、キャッチコピーをつくろう」「まずは、キャラクターを公募しよう」といったケースがあるが、これは間違いだ。

目に見えない「ブランド・アイデンティティ」を可視化したもの

図11-6：ブランドづくりは、サイエンスでもあり、アートでもある

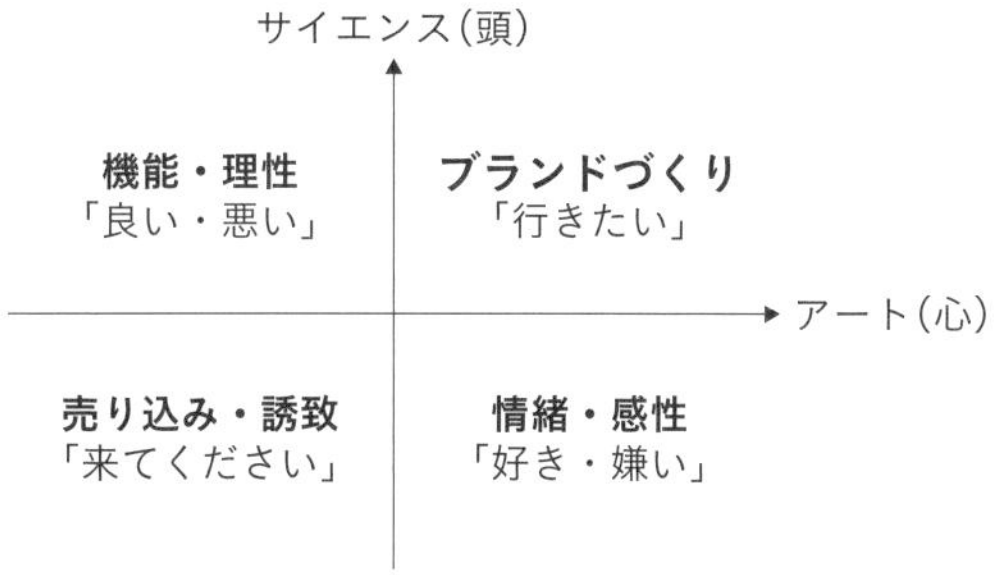

が、ブランド要素である。ブランド要素が、ブランド・アイデンティティに先行することはあり得ない。

サイエンスとアートの融合

ブランドづくりは、サイエンスでもあり、アートでもある（図11－6）。ブランド戦略の実行にあたっては、常に、理性と感性のバランスに配慮することが大切だ。たとえば、ウェブサイト、ポスター、パンフレットといった「ブランド要素」は、単に情報を伝える手段ではない。人の心を動かし、心を引きつける手段である。

強いブランドはいずれも、人々の「理性（頭）」だけではなく、「感性（心）」にも訴えている。パリも、京都も、観光客の「心」を引きつけているから、「強いブランド」なのである。

ターゲット顧客の感性・心に訴えるブランド戦略を構築し、実行していこう。

統一性はあるか

「ブランド要素」には、「ブランド・アイデンティティ」との統一性が欠かせない。

たとえば、ブランド・アイデンティティが「高級イメージ」であれば、ブランド要素も「高級イメージ」にする必要がある。

ブランド要素間の統一性も大切だ。ウェブサイトが「高級イメージ」であれば、ポスター、パンフレット、ロゴ、キャラクターなども「高級イメージ」にする必要がある。ここで、「ゆるキャラ」が入ることはあり得ないだろう。

ウェブサイト、ポスター、パンフレットなどのイメージがバラバラでは、顧客の心の中に明快なイメージをつくることはできない。

現在利用しているウェブサイト、ポスター、パンフレット、ロゴ、キャラクターなどを並べて、統一性、ハーモニーがあるかどうか、確認をしてみよう。

もし、バラバラで、ハーモニーがないとすると、ブランドづくりに苦戦する可能性が高いはずだ。

一貫性はあるか

ブランド戦略の実行にあたっては、「統一性」に加えて、「一貫性」も大切である。かつて、目先の話題性を狙った、自治体のPR動画作成が流行したことがあった。だが、それによって、地域のブランド力が強くなった例はあっただろうか。おそらく、ほとんどないはずだ。

一時は話題になったとしても、ブランド・アイデンティティとの一貫性がなければ、長続きはしない。

ブランドづくりは、「目先の話題づくり」ではない。大切なのは、「将来を見据えた地域引力の強化」だ。

事実、強いブランドには、一貫性がある。ある意味、ワンパターンだ。コカ・コーラは、いつも「赤」だし、スターバックスは、いつも「緑」だ。金沢の観光パンフレットには、いつも同じような場所（兼六園、ひがし茶屋街、金沢城など）が掲載されている。こういった「一貫性」がなければ、消費者の心に、明確なイメージを形成することはできない。

今年は「赤のイメージ」で、来年は「緑のイメージ」では、ブランドは生まれない。今年は「リフレッシュをコンセプト」で、来年は「リラックスをコンセプト」といった考えでは、ブランドづくりは成功しない。

ブランド戦略の実行にあたっては、長期的視点を持ち、一貫性のあるコミュニケーションを、しつこいぐらい継続することが必要だろう。

STEP 5 ● ブランドの評価・モニタリング

ブランドの評価・モニタリング（監視・観察）とは、言葉を換えると、「ブランドの健康診断」である。ブランドも、人間と同じように、定期的な健康診断を実施することが大切だ。

ブランドの健康診断の大きな目的は、ブランドの「ありたい姿」と「現実」とのギャップを把握することである。いくら、ブランドづくりに力を注いでも、「ありたい姿」がターゲット顧客に伝わっていなければ、それは「独りよがり」だ。

ブランドは、買い手の心の中にある。「理想」と「現実」の間にギャップがあれば、それを埋める方法を考えていく。このギャップを埋めるのが、ブランドづくりの焦点になる。

「ブランドの健康診断」の調査対象は、ターゲットとなる消費者、観光客、地域住民などである。

具体的な調査項目を以下に例示しよう

- ブランド・アイデンティティが、消費者に伝わっているか
- ブランド・アイデンティティが、共感を得られているか
- 地域の独自性が伝わっているか
- ターゲットとなる消費者の来訪意向
- 観光客の満足度、再来訪意向、他者への推奨意向
- 住民の地域に対する満足度、愛着、継続居住意向、他者への推奨意向

など

STEP 6 ● 磨き上げ

ブランドは、一朝一夕にできない。ここまでのステップを循環させながら、ブランドを磨いていくことが必要だ。

日本には、名刀に象徴される「磨き」の文化がある。名刀が今も美しく輝くのは、磨き続けてきたからである。

ブランドも同様だ。

輝くためには、磨き続ける必要がある。

第12章

観光立国は「幸せな国」か

ここまで、地域引力を生み出す観光のブランドづくりについて検討をしてきた。ここで、改めて地域における観光振興の目的を確認しよう。

その目的は、観光客の「数」を増やすことではない。地域が「元気」になることである。観光振興の先には、住民一人ひとりが幸せを実感できる地域がなければならない。観光客は増えたけど、地域の人々の幸福度が下がったのでは、本末転倒だ。

はたして、観光客数を増やす「観光大国化」や「観光立国化」で、日本は幸せな国になれるのだろうか。

この章では、世界の「観光大国」や「観光立国」などの幸福度を概観することにしよう。

「観光大国」の幸福度

観光客が多い国は、幸せな国なのか。まずは、「観光大国」の幸福度をみてみよう。

ここでは「観光大国」を、外国人旅行客数（受入数）が多い国と考える。「外国人旅行客数（受入数）」と「幸福度」（世界幸福度報告 World Happiness Report）には、どのような関係があるのだろうか。

結果は、表12－1に示したとおりである。

観光大国のベスト10で、幸福度ランキングのベスト10に入っている国は、一か国もない。

表12-1「観光大国」の幸福度
——幸福度ランキングの中央値　32位——

順位	国名	外国人旅行客数（受入数）（1000人）	幸福度
1	フランス	86,861	31
2	スペイン	81,786	34
3	米国	76,941	14
4	中国	60,740	79
5	イタリア	58,253	48
6	メキシコ	39,291	25
7	英国	37,651	19
8	トルコ	37,601	69
9	ドイツ	37,452	16
10	タイ	35,592	32

（出所）外国人旅行客数（受入数）はUNWTO（2019年）
幸福度はWorld Happiness Report 2017

観光大国ベスト10の幸福度ランキングの中央値は、「32位」だ。幸福度はあまり高くない。

◎「観光立国」の幸福度

続いて、「観光立国」の幸福度をみてみよう。

ここでは、「観光立国」を、観光がその国の基幹的な産業になっている国と考える。具体的には、その国の実質ＧＤＰに占める国際観光収入の比率が高い国とした。

なお、小規模国には、幸福度ランキングが調査されていない国があるため、ここでは人口が５００万人以上の国を分析対象とした。これらの

表 12-2「観光立国」の幸福度
——幸福度ランキングの中央値　87位——

順位	国名	国際観光収入のGDP比（%）	幸福度
1	カンボジア	20.0	129
2	レバノン	17.8	88
3	ヨルダン	14.7	74
4	タイ	13.6	32
5	香港	11.3	71
6	ドミニカ共和国	9.5	86
7	ポルトガル	7.7	89
8	ブルガリア	7.0	105
9	ギリシャ	6.8	87
10	ニカラグア	6.7	43

（注）人口500万人以上の国を対象とした（世銀統計 2017）
（出所）国際観光収入（UNWTO）、実質GDP（国連）は2017年
幸福度はWorld Happiness Report 2017

国で、世界の人口の98％をカバーしている。

表12－2は、「観光立国（実質GDPに占める国際観光収入の比率）」のランキングとその幸福度をみたものである。

観光立国のベスト10をみると、東・東南アジアでは、カンボジア、タイ、香港がランクインしている。このランキングで、もっとも幸福度が高い国はタイであるが、32位にとどまる。カンボジアの幸福度は129位、香港は71位である。

観光立国の上位10か国の幸福度ランキングの中央値は、「87位」

表12-3「観光する国」の幸福度
――幸福度ランキングの中央値 10位――

順位	国名		1人当たり国際観光支出(US$)	幸福度
1	シンガポール		4,373	26
2	香港		3,435	71
3	ノルウェー	**幸福**	3,117	**1**
4	スイス	**幸福**	2,018	**4**
5	ベルギー		1,830	17
6	スウェーデン	**幸福**	1,698	**10**
7	デンマーク	**幸福**	1,671	**2**
8	オーストラリア	**幸福**	1,392	**9**
9	オーストリア		1,222	13
10	オランダ	**幸福**	1,139	**6**

(注)「幸福」は幸福度ランキング10位以内を示す
人口500万人以上の国を対象とした(世銀統計2017)
(出所)国際観光支出はUNWTO(2017年)、幸福度はWorld Happiness Report 2017

である。この調査の対象国は、155か国であるが、観光立国の上位10か国のうち、過半数は幸福度の下位グループに含まれている。このデータを見る限り、幸福度は低い傾向にある。

「観光する国」の幸福度

逆に、「観光する国」(旅行にお金を使う国)の幸福度はどうだろうか。

ここでは、国民一人ひとりが「観光する」の指標として、「人口1人当たりの国際観光支出額」を利用してみてみよう。

結果は、表12―3に示したとお

りだ。

「観光する国」（旅行にお金を使う国）の結果は、先ほどみた「観光される側の国」（観光大国、観光立国）とは、対照的な結果である。

「観光する国」の上位10か国をみると、幸福度のベスト10に、なんと6か国も入っている。幸福度ベスト20に範囲を広げると、8か国がランクインしている。「観光する国」の幸福度ランキングの中央値は、「10位」である。

「観光される国」よりも、「観光する国」の方が、幸福度は高い傾向にあるということだ。

真の観光立国とは何か

あなたは、「観光客に来てもらうこと」と「観光に行くこと」のどちらに幸せを感じますか？

全国の消費者に、「観光客に来てもらうこと」と「観光に行くこと」のどちらに幸せを感じるのかを聞いてみた。

結果は、表12－4のとおりである。

圧倒的に多くの人々（92・6％）が、「観光に行くこと」に幸せを感じると回答している。

表 12-4：「観光客に来てもらうこと」と「観光に行くこと」のどちらに幸せを感じるか

（%）

「観光に行く」ことに幸せを感じる	「観光客に来てもらう」ことに幸せを感じる
92.6	7.4

（出所）全国消費者1000人調査（2019年6月）

国民の観光の促進が、人々の幸福度の向上につながるということだ。

真の「観光立国」は、観光に来る人が多いだけではなく、「観光を楽しむ国民が多い国」だろう。

現在、国も地域も、観光客に来てもらう「観光される地域」になることに力を注いでいるが、日本人の観光の活性化や、旅行にお金を使う国になることや、観光を楽しむ国民を増やすことにもっと力を注ぐことが必要かもしれない。

真の観光立国
＝観光を楽しむ国民が多い × 海外から観光に来てもらう
（日本人の観光の促進）　（インバウンド推進）

日本人の旅行の活性化

日本人による旅行消費額は、訪日外国人旅行者を含めた日本国内における旅行消費額の8割以上を占めている（図12－1）。観

図 12-1：国内の旅行消費額
――日本人の旅行が、8割以上を占めている――

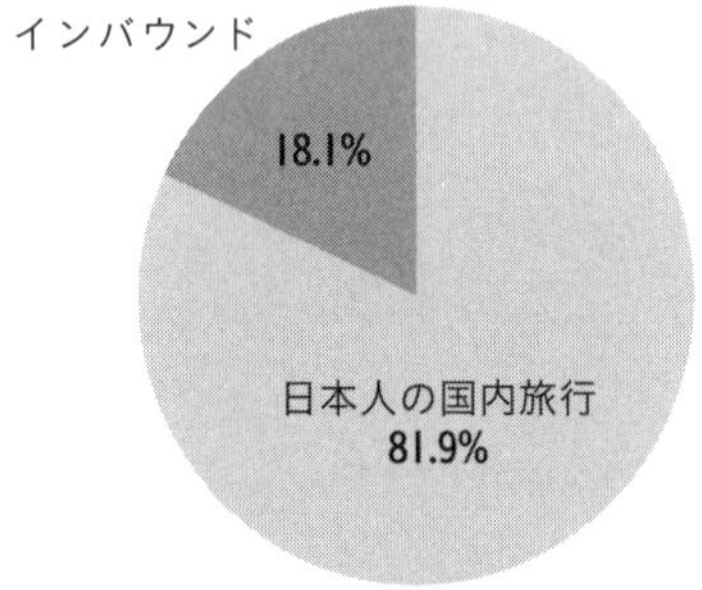

（出所）旅行・観光消費動向調査、訪日外国人消費動向調査（2018）より作成

光振興のためには、日本人の旅行の活性化がポイントだ。

だが、インバウンド（訪日外国人）数は急増している一方で、日本人の海外旅行（アウトバウンド）も、国内旅行も横ばい傾向にある（図12－2）。

国際的にみても、日本人の旅行消費額の水準は、低い水準にとどまっている。図12－3は、日本の国民観光消費の対名目GDP比をみたものであるが、他国と比較して低い水準にある。

1人当たり国内旅行消費額をみても、日本は他国と比べ低い水準にある。

図12－4をみてほしい。日本と同じく国土を海で囲まれたオーストラリアや英国も、1人当たり国内旅行消費額は、日本の2倍の水準に達している。

図12-2：訪日外国人数と日本人旅行者数の推移

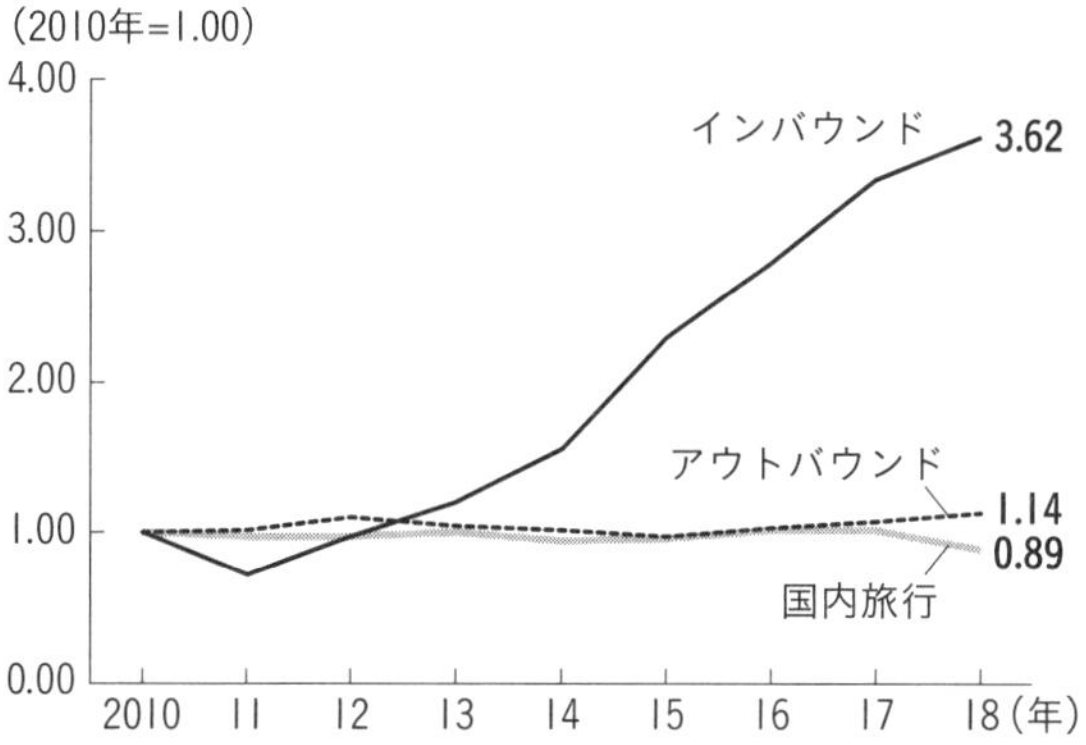

（注）図中の数字は、2010年を1.00とした指数
（出所）旅行・観光消費動向調査、JNTO統計より作成

観光を楽しもう

では、日本人は、あまり旅行が好きな国民ではないのだろうか。

そんなことはない。

表12－5をみてほしい。全国の消費者の9割が「国内旅行が好きである」（「その通り」＋「ややその通り」）と回答している。

表12－6に示したとおり、「海外旅行」が好きではないと回答する人は3割弱いるが、「国内旅行」が好きでない人は、ほとんどいない。

日本の各地に「引力」のある地域が増えていけば、日本人の国内旅行消費額が拡大する余地は十分あるということだ。

観光客に来てもらうだけでなく、観光をもっと楽しむ国をつくろう。

図 12-3：国民観光消費対名目GDP比の国際比較

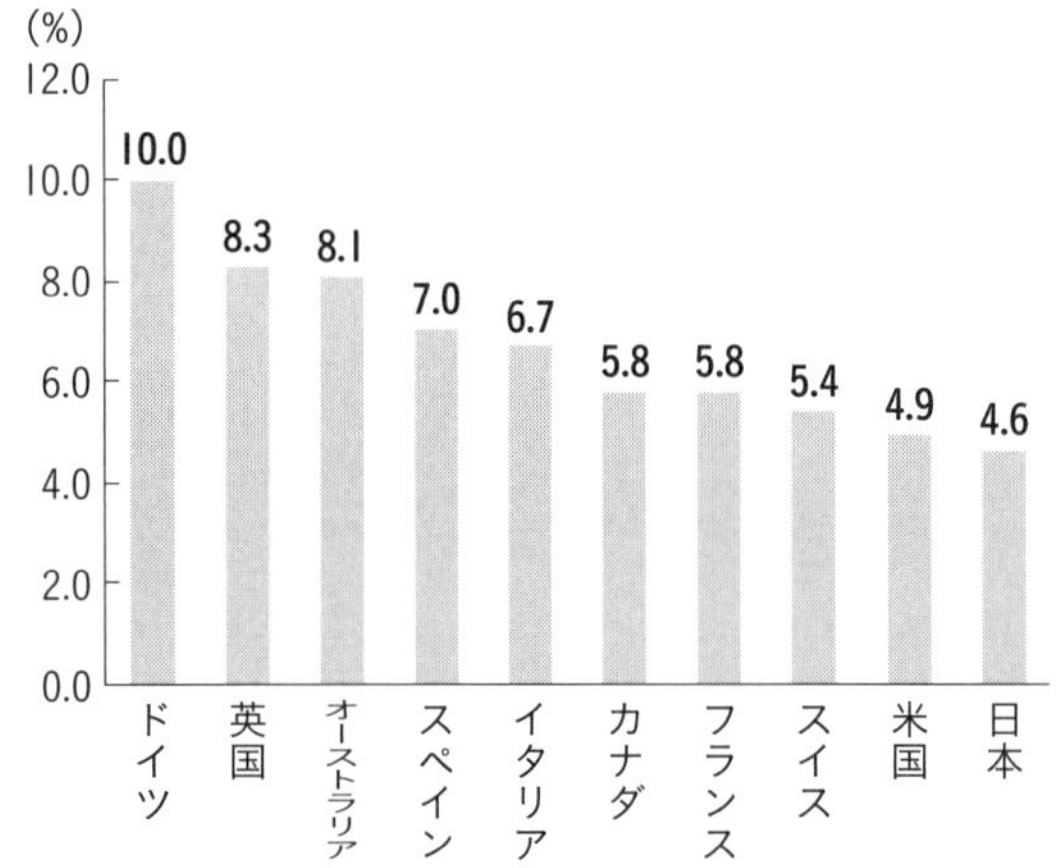

（出所）観光白書（平成30年版）

図 12-4：国民1人当たりの年間国内旅行消費額

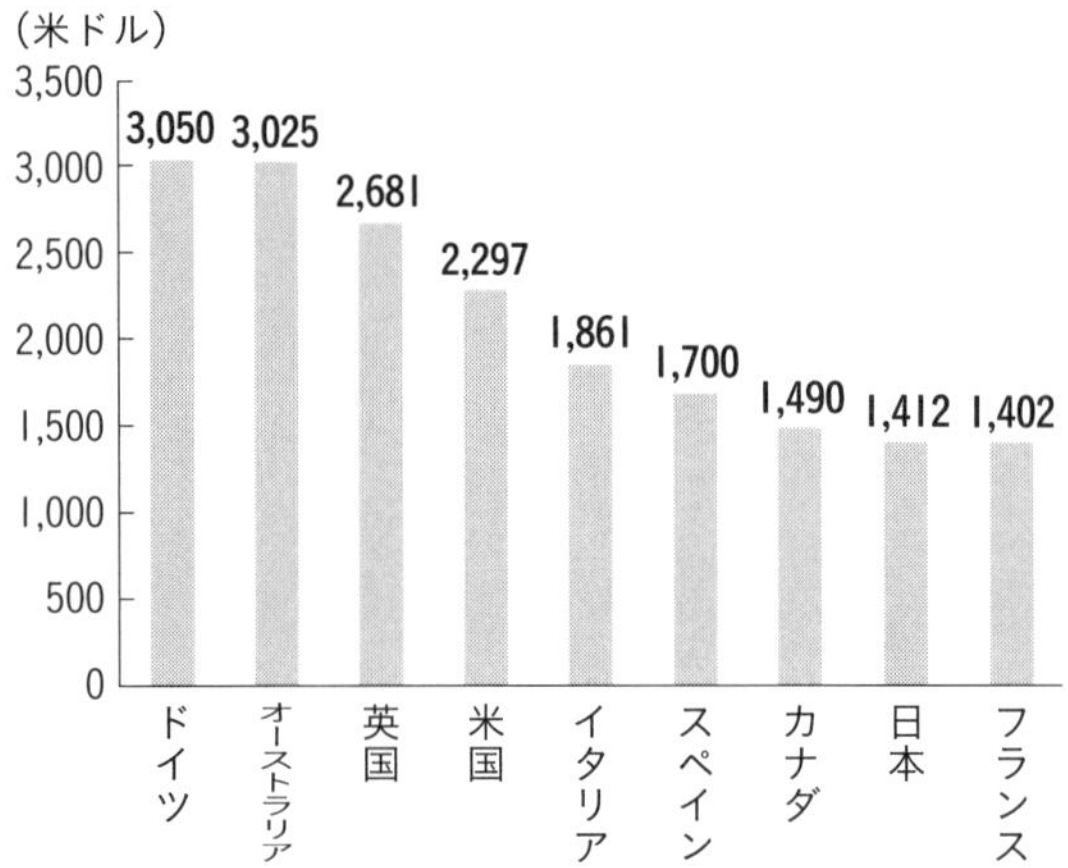

（出所）観光白書（平成30年版）

表 12-5：国内旅行が好きですか？

（%）

	その通り	やや その通り	どちらとも いえない	やや 違う	違う
20代	56.5	34.0	6.0	3.5	0.0
30代	46.0	42.5	11.0	0.0	0.5
40代	45.0	45.0	8.5	0.5	1.0
50代	48.5	41.0	7.0	1.5	2.0
60代	46.5	46.5	5.5	1.5	0.0
全体	48.5	41.8	7.6	1.4	0.7

（出所）全国消費者1000人調査（2018年11月）

表 12-6：海外旅行が好きですか？

（%）

	その通り	やや その通り	どちらとも いえない	やや 違う	違う
20代	25.0	21.0	31.0	12.0	11.0
30代	23.5	22.0	28.0	11.0	15.5
40代	23.0	24.5	21.0	14.5	17.0
50代	25.0	23.5	21.0	14.5	16.0
60代	21.5	27.0	21.5	12.5	17.5
全体	23.6	23.6	24.5	12.9	15.4

（出所）全国消費者1000人調査（2018年11月）

第13章

「量の観光」から「質の観光」へ

あなたは、次の式の空欄にどのような言葉を入れるだろうか。

観光地　＋　□　＝　不満

表13－1は、全国の消費者に、選択肢なしに自由に言葉を入れてもらった結果だ。もっとも多い回答は、「混雑」である。次いで、「人混み」「渋滞」。第6位は「人が多い」が来ている。

上位は、どれも「混雑系」の言葉である。

この結果は、何を示唆するのだろうか。

一つは、観光客の多さが、観光客の大きな不満要因になるということである。

もう一つは、観光において、「量」と「質」は両立しにくいということだ。

表13-1：観光地　＋　□　＝　不満

（人）

順位	キーワード	出現頻度
1	混雑	112
2	人混み	42
3	渋滞	39
4	汚い	38
5	雨	34
6	人が多い	30
7	食事がまずい	28
8	高い	18
9	トイレ	14
10	悪天候	12

（出所）全国消費者1000人調査（2018年11月）

観光サービスは、地域と観光客との共同生産

観光において、観光客は、サービスの受け手でもあるが、生産者でもある。観光客自身が、「観光地の一部」だということだ。観光客自身が、観光地の品質を決める重要な役割を果たしている。

次のような観光客側の要因によって、観光地の品質は大きく変化する。

- どれだけの数の観光客が来ているか
- どのようなタイプの観光客が来ているのか
- 観光客がどのような振る舞いをするのか

観光客がもたらす混雑は、観光地自体の品質を低下させる方向に作用する。観光客の「数」を追求する「量の観光」は、観光客の「不満」を招く可能性が高いということだ。

量の観光のパラドックス

「行列のできる温泉」に行きたいと思う人は、いるだろうか。

「人混みの街並み」に風情を感じる人は、いるだろうか。

「混雑するカフェ」で心からリラックスできる人は、いるだろうか。

第1章でみたとおり、多くの人々にとって観光動機は、「癒やし・やすらぎ・リラックス」だ。

全国各地で、「観光客数の増加」に向けた取り組みが行われているが、「数」を追求する施策には、観光サービスの品質低下という、危険が潜んでいる。

「観光 ＋ 混雑 ＝ 不満」の公式からも分かるように、「量」を追求した観光戦略を継続すると、たとえ地域のブランドが強化できたとしても、観光客の増加によって、観光客や住民の不満を招き、ブランド価値が毀損してしまう可能性がある。

次のような流れだ。

「ブランド強化」
↓
「観光客増加」
↓

「オーバーツーリズム」（地域のポテンシャルを超えた過剰な観光客による弊害）
←「地域イメージ低下」「観光客満足度低下」「住民満足度低下」
←「ブランド力低下」

つまり、「量の観光」の結果、「ブランド力向上による、ブランド力低下」という、パラドックス（逆説）に陥りかねない。

実際、インバウンド観光に対する消費者のコメントをみても、以下のような意見が増えている。

「外国人が多いところには行きたくない。もう情緒もなく悲しくなってくる」
「京都も札幌も観光地と呼ばれるところは外国人が多すぎて、もう行きたいとは思えなくなってしまいました」
「これ以上、外国人観光客は増えてほしくない。今でも大混雑なのに、もっと増えたらどうなるのか」
「行きたくない観光地は京都。外国人だらけで宿泊代は暴騰し、予約が取れない」

「静かで穏やかな時間の流れていたところに観光バスが押し寄せ、外国人が溢れる。地域にとって本当に良いことなのか」

「量」から「質」へのシフトは難しい

「我々の地域は、観光客数が少ないから、まずは、観光客数を増やす〝量の観光〟だ」

観光関連の方に「質の観光」の重要性を指摘すると、このように反論する人がいる。だが、この発想は危険だろう。

「量の観光」と「質の観光」は、マーケティングの発想も、顧客ターゲットも大きく異なる。「量の観光」を途中で、「質の観光」に転換するのは困難だ。問題が発生してからでは遅い。

日本の市区町村の8割以上が、人口10万人未満の比較的小さな地域である。そもそも、小さな地域が、「量の観光」で勝負しようとしたところで、受入客数は限られている。小さな地域における数の追求は、早晩無理が生じるはずだ。

「量」から「質」へ、土俵を変えることが必要だろう。

「数」は稼げても、地元が稼げない

各地で、インバウンドの団体観光客の誘致や、大型クルーズ船の誘致が盛んに進められている。

このタイプの観光は、観光客数という「量的評価」に直結することや、個人客と比べて、国籍・人数などの統計データが把握しやすいことから、行政的にも歓迎されやすい。

だが、これらの大規模観光によって、どれだけ地域が豊かになっているのだろうか。

大型クルーズ船が誘致できれば、インバウンド客数は格段に増え、「量的」には成果がある。

しかし、「質的」にみるとどうだろう。クルーズ船の誘致で、どれだけ地元の経済が潤うだろうか。

インバウンド客の観光地での消費は、おもに「宿泊費」「飲食費」「買物代」から構成されるが、表13－2に示すとおり、クルーズ客は、

- 船中で泊まるため、地元で宿泊をしない。地元に落ちる宿泊費はほぼゼロである
- クルーズ客は、船中で食事をするため、地元でほとんど食事をしない

表13-2：訪日外国人1人当たり旅行支出

（円）

	宿泊費	飲食費	買物代	その他	総額
訪日外国人（一般客）	45,787	33,748	51,256	22,238	153,029
クルーズ客	24	1,928	41,627	648	44,227

（出所）観光庁・訪日外国人消費動向調査（2018年）

また、クルーズ客は、団体用の貸し切りバスで、郊外の大規模商業施設や免税店に直行するケースも多く、地元商店街、飲食店にお金が落ちにくい。複数の寄港地があれば、すべての地域で買い物をするわけではない。

地元で観光をしたとしても、滞在時間が短いため、一気にやってきて、一気に去っていく。地元の店舗にとって、集客が不安定になりがちだ。

また、地域の小さな店にとっては、瞬間風速的に店舗のキャパシティを超えることも多く、地元の優良顧客が押し出されてしまうことや、なじみ客が入店できなくなるといった問題も生まれる。

ほぼ似たような状況は、「大型バスを利用した周遊型のインバウンド団体旅行」などについても当てはまるだろう。

インバウンド観光を地元の元気につなげ、地域が持続的に発展していくためには、次に示す、「量のインバウンド」から「質のインバウンド」への視点変更が求められる。

表13-3：消費者が抱く「観光業界のイメージ」

私が思う、観光業界のイメージは、○○である。

（人）

順位	キーワード	出現頻度
1	大変	42
2	楽しい	32
3	明るい	23
4	おもてなし	17
5	ブラック	16
5	華やか	16
5	忙しい	16

（出所）全国消費者1000人調査（2018年5月）

「量のインバウンド」：　団体、大規模、周遊型観光が中心
↓
「質のインバウンド」：　個人、小規模、滞在型、リピート、地元消費、地元交流型観光が中心

観光業界で働く人の幸福度

観光業界で働く人々の視点からも、「量の観光」から「質の観光」への転換が必要かもしれない。

全国の消費者に、観光業界のイメージを聞いてみると、もっとも多いのが「大変」である。「忙しい」「ブラック」といった言葉も出てくる（表13－3）。

量を追求すればするほど、観光業界は、ますます「大変で、忙しくなり、ブラック化」してしまうことにもなりかねない。

従業者が「不満」で働いていては、顧客に「満

足」してもらうことはできないだろう。従業者満足度は、顧客満足度に直結する。

「観光の現場で働く幸せ」「モチベーション向上」「人手不足への対応」など、観光サービスを提供する側の視点からみても、「量の観光」から「質の観光」へのシフトが求められるはずだ。

「質の観光」の発想

「質の観光」は、観光客の満足度向上とともに、地域経済が豊かになり、地域の人々が幸福になる観光である。

では、どうすれば「質の観光」が追求できるのか。

キーワードは、①「滞在」、②「リピート」、③「地元消費」だ。

この点に関して、「量の観光」と「質の観光」を対比しながら、具体的にみてみよう。

なお、ここで「量の観光」「質の観光」は、〝発想の方向性〟であり、量か質かの〝二者択一〟の話ではない。

①「滞在」の促進

「数多くの観光客」に来てもらうというよりも、「より長く滞在してくれる観光客」に来てもらうという発想である。「通過する観光客」よりも、「滞在する観光客」を重視する。

次のようなイメージだ。

量の観光		**質の観光**
「日帰り客1000人」	→	「宿泊客100人」
「1泊の客100人」	→	「2泊の客50人」

②「リピート」の促進

「数多くの観光客」に来てもらうというよりも、「一人ひとりの観光客に繰り返し来てもらう」という発想である。「通過する観光客」よりも、「繰り返し来てくれる観光客」を重視する。

サービスの質を向上させ、顧客満足度を高めることに力を注ぐ。満足度が高まることで、リピート顧客も増えていく。

量の観光		**質の観光**
「一見客1000人」	→	「10回来てくれるリピーター100人」

③「地元消費」の促進

数多くの観光客に来てもらうよりも、地元で、「一人ひとりの観光客により多く消費してもらう」という発想である。「通過する観光客」よりも、「地元で消費してくれる観光客」を重視する。

サービスの質を向上させ、顧客単価を高めることに力を注ぐ。

量の観光　　　　　　　　**質の観光**

「1000円を地域に落とす客1000人」→「2万円を地域に落としてくれる50人」

このケースでは、「1,000円×1,000人＝20,000円×50人」で、量と質の観光の売上高は、数学的には等しい。だが、顧客の観光スタイルや、地域にもたらす影響には、両者に大きな違いがあることが容易に想像できるだろう。

「量の観光」に比べ、「質の観光」は、より利幅が大きく、より生産性が高く、環境への負荷はより少ないはずだ。

滞在客増加 × リピート客増加 ⇓ 地元消費増加

「地元消費」は、「滞在」や「リピート」とも密接に関連する。滞在日数が長いほど、宿泊費、食費、買い物などの地元消費額も増加する。リピート回数が増えれば増えるほど、その地域での消費額も増えていく。

統計的にみても、「滞在志向」「リピート志向」の強い観光客は、そうではない観光客に比べて、食事や宿泊への支出意向が高い傾向がみられる。

図13－1、2をみてほしい。

「滞在志向が強い観光客」ほど、食事や宿泊への支出意向が高いことが明らかだろう。滞在志向の観光客を引きつけることは、地元消費の増加にも結びつくということだ。

同様に、図13－3、4をみると、「リピート志向が強い観光客」ほど、食事や宿泊への支出意向が高いことが分かる。リピート志向の観光客を引きつけることによって、地元消費の拡大も期待できるはずだ。

「質の観光」の評価軸

「訪れる人」と「住んでいる人」の両者が満足しなければ、持続可能な観光は実現できな

図13-1：「滞在志向」と「夕食予算」の関係
――「滞在志向が強い観光客」ほど、食事への支出意向が高い――

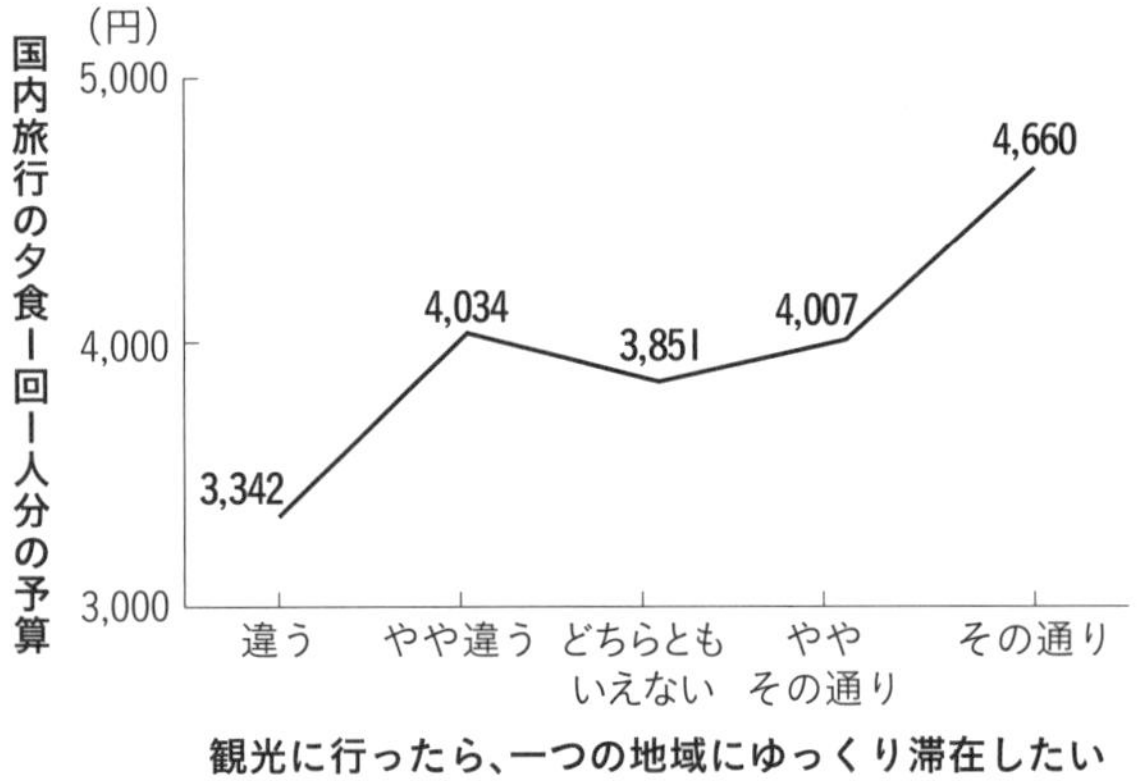

（注）統計的な有意差あり（p≦0.05）
（出所）全国消費者1000人調査（2018年11月）

図13-2：「滞在志向」と「宿泊予算」の関係
――「滞在志向が強い観光客」ほど、宿泊への支出意向が高い――

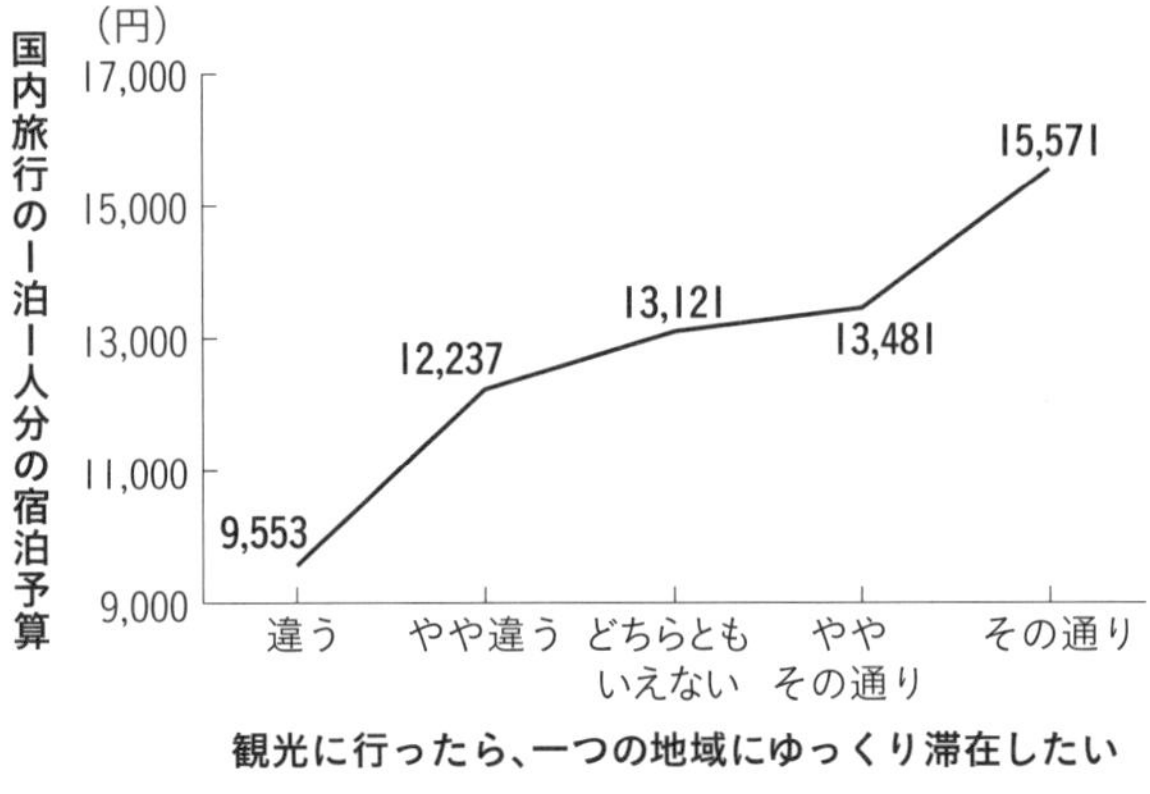

（注）統計的な有意差あり（p≦0.05）
（出所）全国消費者1000人調査（2018年11月）

図 13-3：「リピート志向」と「夕食予算」の関係
――「リピート志向が強い観光客」ほど、食事への支出意向が高い――

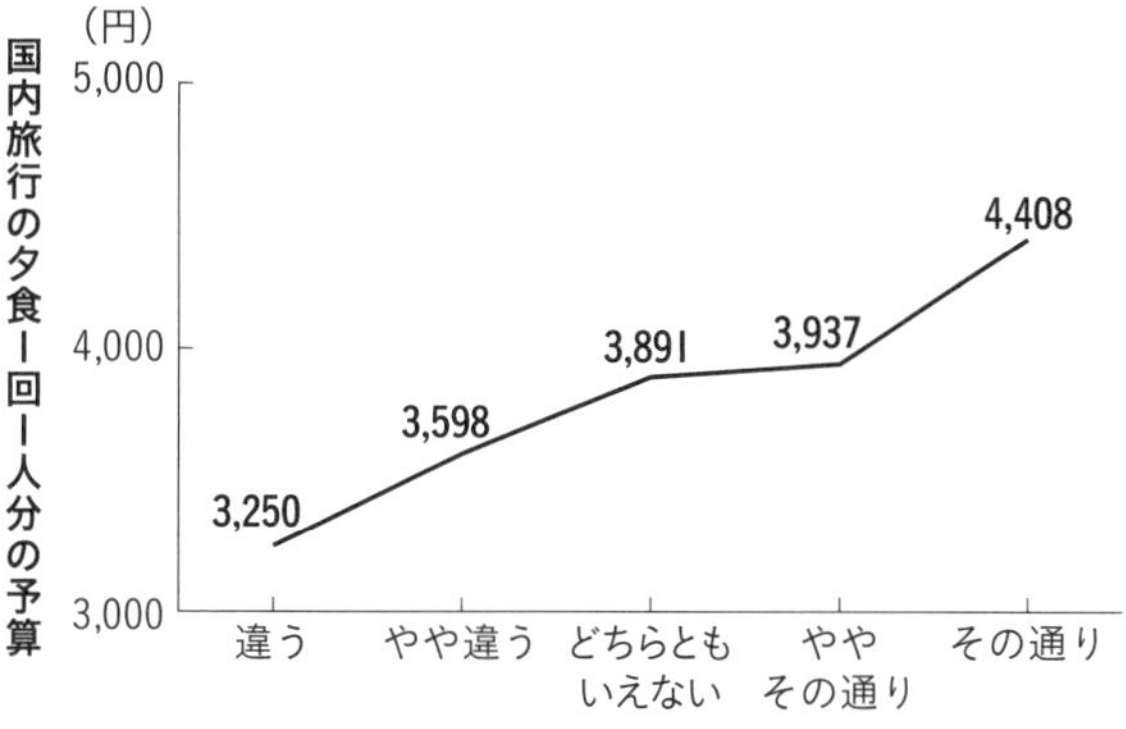

（注）5%水準で統計的な有意差あり
（出所）全国消費者1000人調査（2018年11月）

図 13-4：「リピート志向」と「宿泊予算」の関係
――「リピート志向が強い観光客」ほど、宿泊への支出意向が高い――

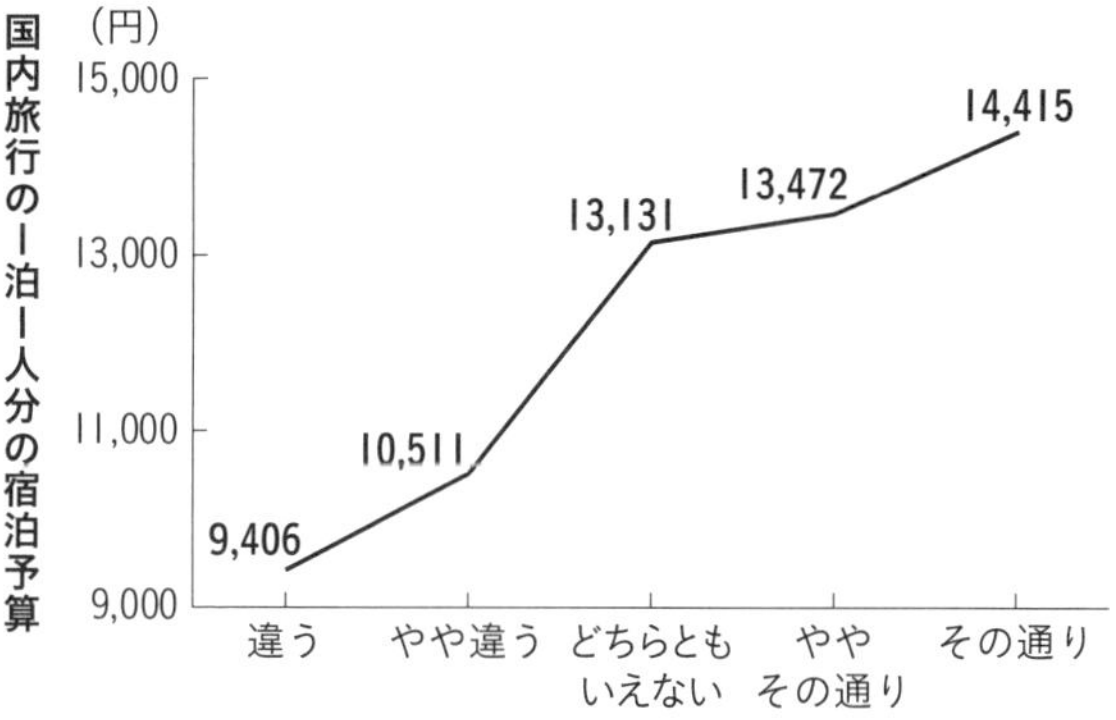

（注）5%水準で統計的な有意差あり
（出所）全国消費者1000人調査（2018年11月）

い。質の観光は、「観光客の視点」と「地域住民の視点」の双方から評価する必要がある。以下、観光客の視点からの「質」の評価指標、および、住民の視点からの「質」の評価指標を例示しよう。

①観光客サイドの「質」の評価指標

- 「観光客の満足度」……訪れた人が、満足した時間を過ごしてくれたか
- 「観光客の滞在意向」……訪れた人が、もっと滞在したいと思ったか
- 「観光客のリピート意向」……訪れた人が、また来たいと思ったか
- 「観光客の口コミ意向」……訪れた人が、知人などに薦めたいと思ったか

など

②住民サイドの「質」の評価指標

- 「住民の満足度」……住んでいる人が、この地域に住むことに満足を感じているか
- 「住民の継続居住意向」……住んでいる人が、ずっと住みつづけたいと思っているか
- 「住民の口コミ意向」

……住んでいる人が、居住地として知人などに薦めたいと思うかなど

これらの指標に対する評価を向上させていくことが、「質の観光」の実現につながるはずだ。

「量」から「質」へ

ここまでの検討結果なども踏まえて、「量の観光」と「質の観光」の発想の違いを対比してみよう。

持続可能な観光を実現し、地元を豊かに、住民を幸せにするためには、「質の観光」の発想が求められるだろう。

「量の観光」		「質の観光」
観光客数の追求	→	地域引力の向上
顧客数	→	顧客単価
新規顧客の獲得	→	既存顧客の満足
一見客	→	リピート客

周遊型観光 ↓ 滞在型観光

日帰り ↓ 宿泊

団体・大規模客が中心 ↓ 個人・小規模客が中心

観光客目当ての店 ↓ 地元客に愛される店

全国チェーン・大企業が主役 ↓ 地元企業・中小企業が主役

地域外にお金が流出 ↓ 地域内でお金が循環

短期的、瞬発力を重視 ↓ 長期的、持続力を重視

第14章

「質の観光」「持続可能な観光」をどう実現するか

「モノ」は、顧客数が増えれば、つくる量を増やせばよいが、「観光」の場合は、来客数が増えたとしても、「地域自体」を大きくすることはできない。観光における量の追求は、持続的ではない。

一方、質の追求は、持続的な観光に結びつくのだろうか。

本章では、まず、「質の観光」の持続可能性について確認することにしよう。その後で、「質の観光」の実現の方向性を検討していく。

持続可能な観光のキーワードは、「循環」

「続くものをデザインしようとすれば、回せばよいのです」（本川 ２０１１）。

観光においても、同様である。持続的な観光のキーワードは、「循環」だ。

では、観光における「循環」とは、何だろうか。

具体的にみてみよう。

①「顧客」の循環

第一の循環は、「顧客の循環」である。

図14-1：「誘客」から「顧客の循環」へ

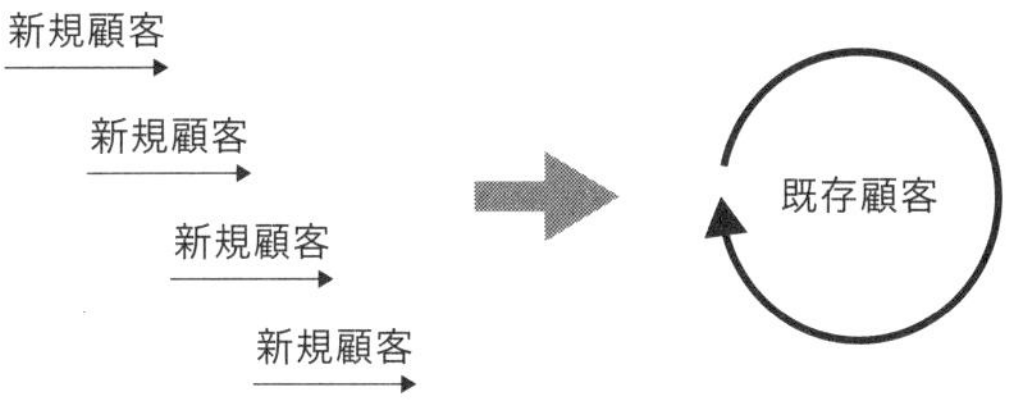

顧客の循環とは、すなわち、既存顧客の「リピート」だ（図14−1）。

顧客のリピート来訪の促進、滞在促進に焦点を当てる「質の観光」は、「顧客が循環する観光」である。

一般的に、「新規顧客の獲得」（誘客）のコストに比べ、「既存顧客の維持」（循環）のコストの方が低い。「顧客」が循環することは、観光業の生産性向上にもつながるはずだ。

新規顧客の獲得に関しては、規模の大きな地域が有利かもしれないが、顧客のリピートの促進に関しては、地域の規模は無関係だ。逆に、小さな地域の方が、一人ひとりの顧客との「きずな」を強めやすいため、「顧客の循環」では有利になる。

②「地域資源」の循環

第二の循環は、「地域資源の循環」だ。

観光客の地元消費の促進に焦点を当てる「質の観光」は、「地域資源が循環する観光」である。

たとえば、地元でとれた農産物を、地域で加工し、地域の店で買

表 14-1：リピート志向の観光客ほど、観光地の食事は「地元の食材を利用してほしい」

観光地の食事（%）

	他の地域の食材でも構わない	地元の食材を利用してほしい
リピート志向	36.2	63.8
非リピート志向	51.7	48.3

（出所）全国消費者1000人調査（2018年11月）

ってもらう、もしくは、地域の飲食店で食べてもらうことによって、地域資源が循環する。地元の「農業」「製造業」「商業」「飲食業」が協働することは、地域経済の元気にも結びつくだろう。

表14－1をみてほしい。

リピート志向の観光客は、観光地の食事について「地元の食材を利用してほしい」と考えている人が多い。「顧客の循環」と「地域資源の循環」は、両立しやすいということだ。

③お金の循環

第三の循環は、「お金の循環」である。

お金が落ちても、地域外に流出しては、地元は豊かにはならない。お金が地元で循環することは、地域経済活性化の重要なポイントだ。

観光客の地元消費の促進に焦点を当てる「質の観光」は、「お金が循環する観光」でもある。地元消費を促進し、お金を地域内で循環させるためには、引力のある地元企業が増えることが欠かせない。

図14-2：「質の観光」は「持続可能な観光」

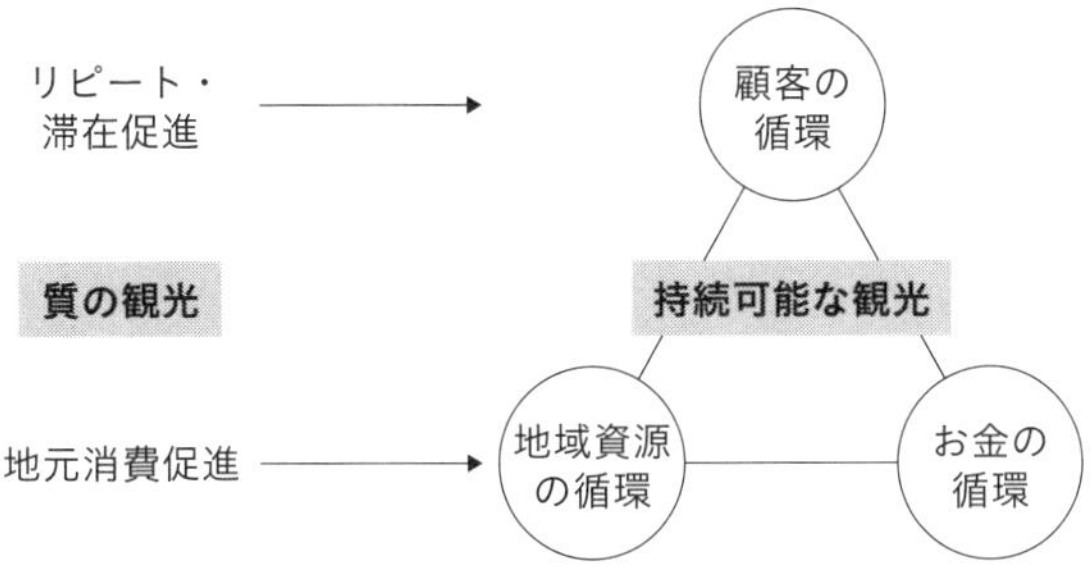

以上の①～③でみたとおり、観光客のリピート・滞在・地元消費に焦点を当てる「質の観光」は、顧客・地域資源・お金が地域内で循環する「持続可能な観光」につながるはずだ（図14－2）。

「質の観光」→「循環する観光」
→「持続可能な観光」

「質の観光」のターゲットは誰か

では、どうすれば、「質の観光」が実現できるのだろうか。

ここからは、「質の観光」の実現の方向性をみていこう。

「質の観光」は、すべての人々をターゲットとした「八方美人型の観光」ではない。ターゲットを絞ることが必要だ。

では、質の観光を実現するためには、どのような観光客をターゲットとすればよいのだろうか。

一般的には、顧客ターゲットは、年代、性別といった「人口統計的な要因」を基準に設定するケースが多いが、観光の質は、年代や性別で規定されるものではない。

ここまでみたとおり、「リピート」と「滞在」と「地元消費」が、質の観光を実現するためのポイントになる。「リピート」と「滞在」が促進されれば、地元消費は増加することは既述のとおりだ。

そこで、以下では、

- 「リピート志向」の観光客（気に入った地域に繰り返し行きたい人々）
- 「滞在志向」の観光客（1か所でじっくり過ごしたい人々）

をターゲットとした観光戦略を提案しよう。

図14-3：「質の観光」のターゲット

	「滞在志向」 1か所でじっくり過ごしたい	「周遊志向」 複数の観光地を巡りたい
「リピート志向」 気に入った地域に繰り返し行きたい	◎	△
「非リピート志向」 毎回違った地域に行きたい	△	

（注）◎　メインターゲット　　△　サブターゲット

ターゲットは、「滞在志向」「リピート志向」の観光客

質の観光の「メインターゲット」は、リピート志向、かつ、滞在志向の観光客だ。繰り返しの訪問や、長い滞在が期待できるため、質の観光のターゲットとしてはもっともふさわしい。

「サブターゲット」は、リピート志向、もしくは、滞在志向のいずれかに該当する観光客である（図14－3）。

では、どうすれば「滞在志向の観光客」や「リピート志向の観光客」を引きつけることができるのだろうか。

そのためには、ターゲットとなる「滞在志向」「リピート志向」の観光客が、

① どのような観光を求めているのかを把握し、
② それに合わせた観光マーケティングの実行

が欠かせない。

「滞在志向」「リピート志向」の観光客に合わせたマー

ケティングが実行できれば、無理な売り込みをすることなく、ターゲット顧客を引きつけることができるはずだ。

図14-4：「滞在志向」「リピート志向」の観光客の規模

（%）

	滞在志向	周遊志向
「リピート志向」	**28.2 メインターゲット**	24.0 サブターゲット
「非リピート志向」	15.0 サブターゲット	32.8

（出所）全国消費者1000人調査（2018年11月）

「滞在志向」「リピート志向」の観光客の規模

まず、「質の観光」のターゲットとなる「滞在志向」「リピート志向」の観光客は、どの程度いるのかについて、確認しておこう。

結果は、図14－4に示したとおりである。

メインターゲットである「滞在志向」かつ「リピート志向」の観光客は、全体の約3割（28・2%）である。サブターゲットである「滞在志向」かつ「非リピート志向」、「周遊志向」かつ「リピート志向」は、それぞれ15・0%、24・0%である（合計約4割）。

ここで提案する「質の観光」は、すべての消費者をターゲットとした「10割観光」ではなく、これらの消費者層（メインターゲット3割、サブターゲット4割）をターゲットとした「7

割観光」だ。

「リピート志向」の観光客の特性

ここからは、質の観光でターゲットとする観光客の特性をみていこう。ターゲットの特性が分かれば、顧客に対して、どのようなアプローチをすればよいかが分かるはずだ。

まずは、「リピート志向の観光客」の特性から把握することにしよう。

分析① リピート観光客の特性

図14－5は、「実際に、繰り返し訪問している観光地がある人々」（リピート観光客）には、どのような特性があるのかを分析した結果である。

リピート観光客の特性として、浮かび上がってきたのは、リピートへの影響度が高い順に、次の5つの特性だ。

「グルメ志向」

食に詳しい

図 14-5：リピート観光客の特性

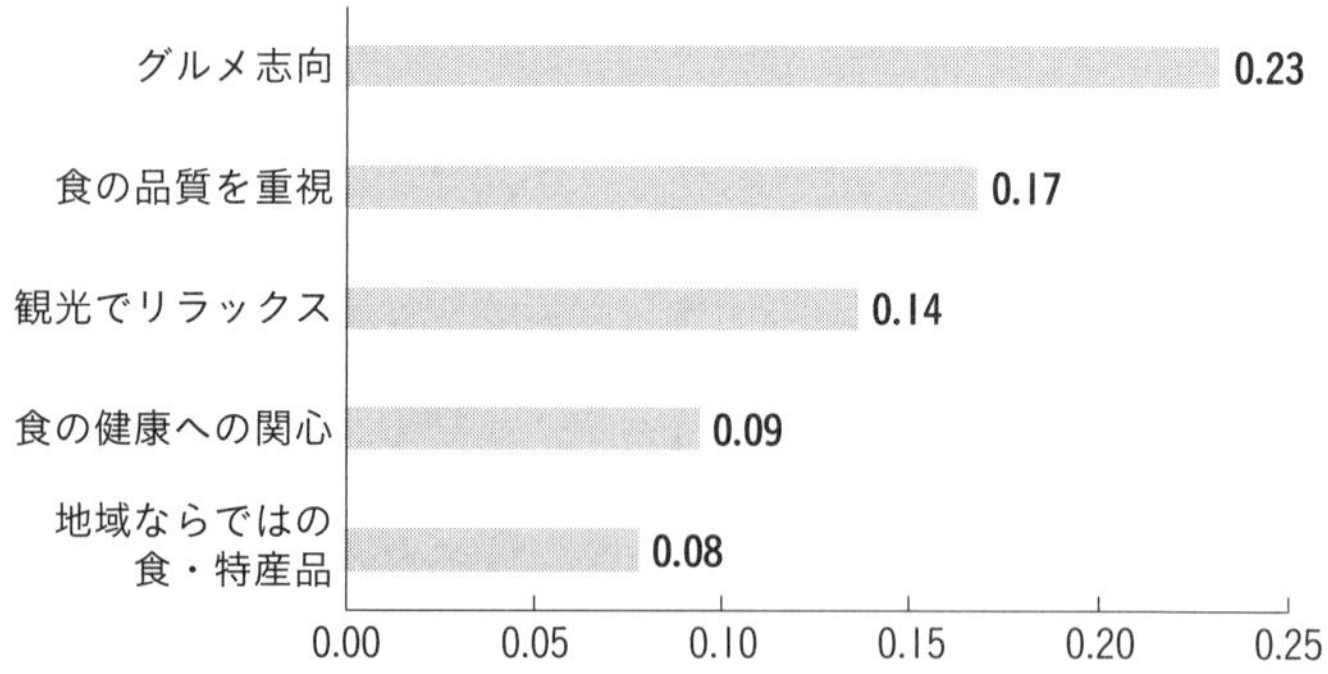

（注）分析方法は、ステップワイズ法による回帰分析
　　　従属変数は、「繰り返し訪問している観光地がある」（5ポイントスケール）。説明変数は、観光・食の特性に関する因子。数字は、標準化回帰係数であり、従属変数への影響度を示す
（出所）全国消費者1000人調査（2018年11月）

　グルメである

- **「食の品質を重視」**
  価格よりも品質を重視する
  高い食品でも品質が良ければ買いたい
- **「観光でリラックスしたい」**
  癒やされる
  リラックスできる
- **「食の健康への関心が高い」**
  食品の健康効果に関心が高い
  健康・栄養を考えて食品を選ぶ
- **「地域ならではの食・特産品を重視」**
  その地域ならではの飲食店が多い
  特産品などに魅力的な商品がある

　この結果をみると、実際にリピートしている観光地がある人々は、「食」や「リラックス」を重視していることが分かる。

分析② 「非リピート志向の観光客」と対比した「リピート志向の観光客」の特性

観光客には、「旅行は、気に入った地域に繰り返し行きたい」という人々（リピート志向）もいれば、「旅行は、毎回違った地域に行きたい」という人々（非リピート志向）もいる。「リピート志向の人々」と「非リピート志向の人々」の特性の違いを分析した結果が、図14−6である。

この分析結果から、「リピート志向」の観光客は、次のタイプの観光を重視することが分かる。

「出会い・交流型の観光」

人々と交流ができる

地元の人々との出会いがある

「観光でリラックス」

癒やされる

リラックスできる

一方、「非リピート志向」の観光客が重視するのは、以下のタイプの観光だ。

図 14-6：「リピート志向」と「非リピート志向」の重視ポイントの違い

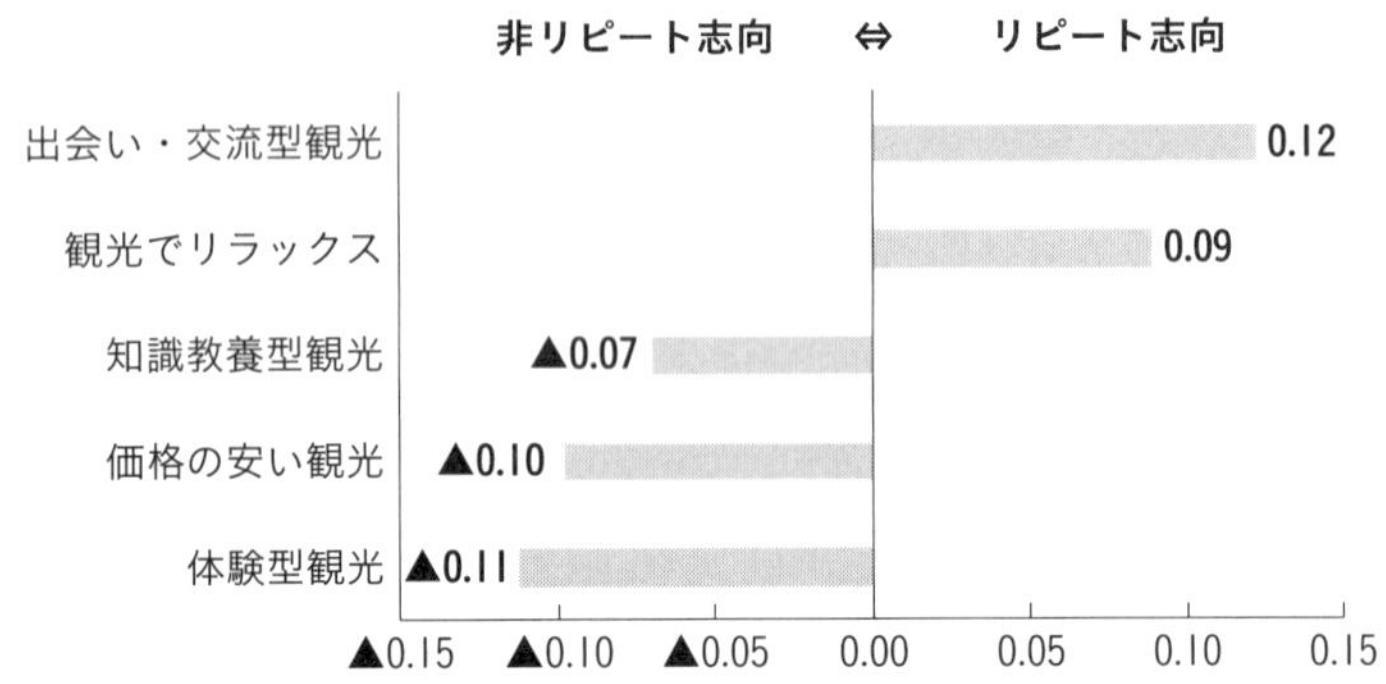

（注）分析方法は、ステップワイズ法による回帰分析
数字は、標準化回帰係数。ここでは、「（非リピート志向と対比した）リピート志向」スコア（従属変数）への影響度を示す。数字がプラスであればリピート志向への影響度が高く、マイナスであれば非リピート志向への影響度が高い。独立変数は、観光や食の特性に関わる因子

（出所）全国消費者1000人調査（2018年11月）

- **「知識教養型観光」**
  教養を深めることができる
  知識や視野を広げることができる
- **「価格の安い観光」**
  交通費が安い
  全体的に旅行費用が安い
- **「体験型観光」**
  普段できない体験ができる
  新しい体験ができる

「知識教養」や「体験」（普段できない体験、新しい体験）を重視する観光客は、一度学んだら、もしくは、一度体験したら、「次回は、別のところへ行こう」となるのかもしれない。

「知識教養」「体験」分野の観光について

は、こういった消費者特性を認識したうえで、意識してリピート来訪を促進する仕組みを考えていく必要があるだろう。

価格の安い観光を重視する人も、リピーターにはなりにくい。「価格の安さ」で訪れた人は、他に安い場所があれば、次回は、そちらに行ってしまうということだろう。

分析③ もう一度行ってみたいと思う観光地の条件

あなたは、次の文章の空欄にどのような言葉を入れるだろうか。

私が、「もう一度行ってみたい」と思う観光地の条件は、［　　　　］である。

表14－2は、全国消費者調査で、空欄に自由に言葉を入れてもらった結果である。

圧倒的に多くの人があげた言葉は、「おいしい」「食事・食べ物・料理」といった〝食〟

表14-2：「もう一度行ってみたい」と思う観光地の条件は何か

順位	キーワード	出現頻度
1	おいしい	133
2	食事・食べ物・食・料理	118
3	楽しい・楽しさ	76
4	温泉	55
4	癒やし・癒やされる・リラックス	55
6	景色	48
7	自然	42
8	きれい	37
9	思い出	24
10	感動	23

（出所）全国消費者1000人調査（2018年11月）

に関するものである。「温泉」「癒やし・リラックス」といった〝リラックス系〟の言葉も多くあげられている。

「滞在志向」の観光客の特性

次に、「滞在志向の観光客」の特性について分析することにしよう。

滞在志向の観光客の特性に合わせたマーケティングが実現できれば、滞在志向の顧客の方から、その地域を選んでくれるはずである。

分析④ 「周遊志向の観光客」と対比した「滞在志向の観光客」の特性

観光客には、「観光では一つの地域でゆっくり過ごしたい」という人々（滞在志向）もいれば、「観光に行ったら、いろいろな地域を訪れたい」という人々（周遊志向）もいる。

「滞在志向の人々」と「周遊志向の人々」の特性の違いを分析した結果が、図14－7である。

この分析結果から、「滞在志向」の観光客は、次を重視することが分かる。

●**「観光でリラックス」**
癒やされる
リラックスできる

●**「食の健康」**
食品の健康効果に関心が高い
健康・栄養を考えて食品を選ぶ

●**「接客」**
接客が快適である
接客が丁寧である

一方、「周遊志向」の観光客は、次を重視する人々だ。

●**「体験型観光」**
普段できない体験ができる
新しい体験ができる

●**「自然に触れる観光」**
豊かな自然がある

図 14-7：「滞在志向」と「周遊志向」の重視ポイントの違い

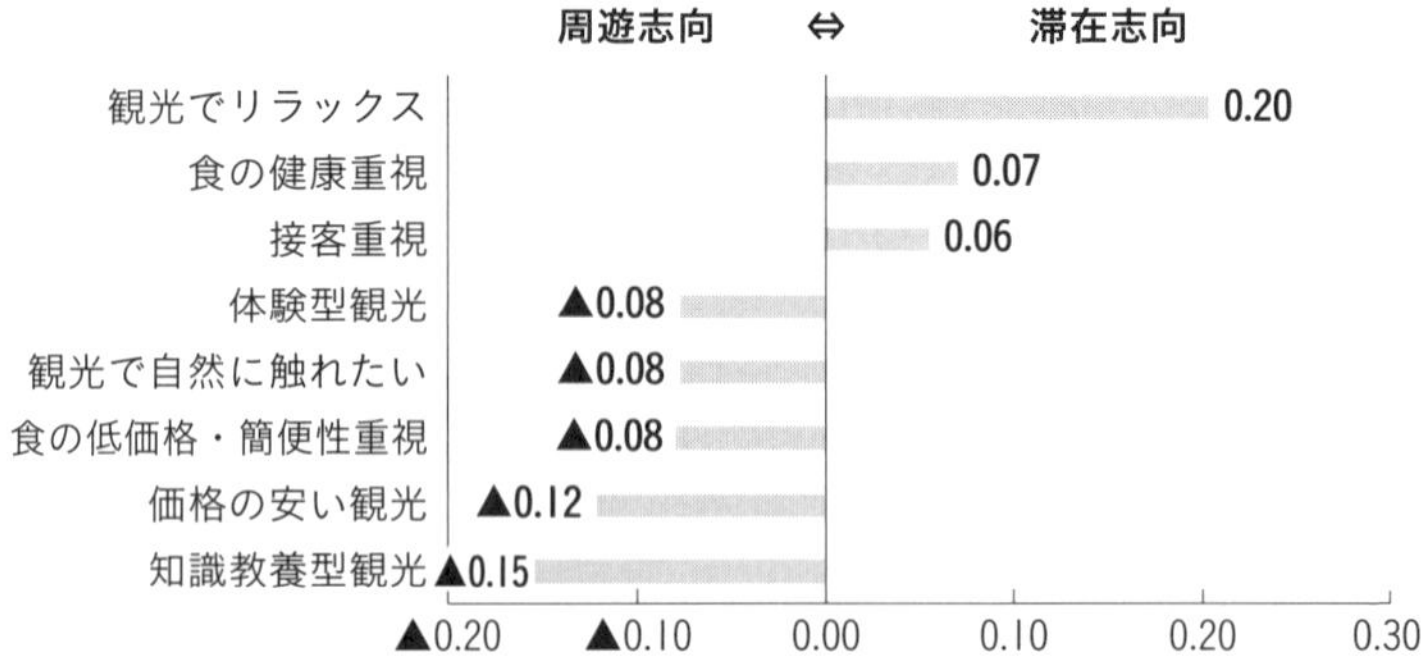

（注）分析方法は、ステップワイズ法による回帰分析
数字は、標準化回帰係数。ここでは、「（周遊志向と対比した）滞在志向」スコア（従属変数）への影響度を示す。数字がプラスであれば滞在志向への影響度が高く、マイナスであれば周遊志向への影響度が高い。独立変数は、観光や食の特性に関わる因子
（出所）全国消費者1000人調査（2018年11月）

自然に触れられる

● **「食の低価格、簡便性」**
食品は安ければ安いほうが良い
食事は手軽さを重視する

● **「価格の安い観光」**
交通費が安い
全体的に旅行費用が安い

● **「知識教養型観光」**
教養を深めることができる
知識や視野を広げることができる

分析⑤ 長く滞在したいと思う観光地の条件

全国の消費者に、次の文章の空欄に自由に言葉を入れてもらった。

私が、「長く滞在したい」と思う観光地の条件は、［　　］である。

結果は、表14－3に示すとおりだ。

圧倒的に多くの人があげた言葉は、「温泉」「リラックス」「癒やす」といった〝リラックス系〟の言葉である。「おいしい」「食事・食べ物」といった〝食〟に関する言葉も比較的多くあげられている。

表14-3：「長く滞在したい」と思う観光地の条件は何か

順位	キーワード	出現頻度
1	温泉	77
2	リラックス	67
3	癒やす	58
4	居心地	50
5	自然	48
6	おいしい	43
7	食事・食べ物	39
8	落ち着く	24
8	安い	24
10	楽しい	21

（出所）全国消費者1000人調査（2018年11月）

リピート志向、滞在志向の観光客を引きつける「3つの要素」

ここまでの分析結果（分析①〜⑤）から、「リピート志向・滞在志向」の観光客を地域に引きつけ、「リピート観光・滞在観光」を促進するためには、「リラックス」「食・グルメ」「出会い・交流」の3つの要素が、重要なポイントとなることが分かる（図14-8）。

とくに、「リラックス」は、①〜⑤のすべての分析で抽出されており、「リピート志向」「滞在志向」の観光客を引きつけるための最重要ポイントになっている。

それぞれの要素（因子）は、具体的に、次のような項目から構成されている。これらの項目の評価を高めていくことが、質の観光の実現に結びつくということだ。

「リラックス」

リラックスできたか

癒やされたか

のんびり過ごすことができたか

「食・グルメ」

その地域ならではの食に出会えたか

名物料理があったか

図14-8：リピート来訪、滞在を促進する「3つの要素」

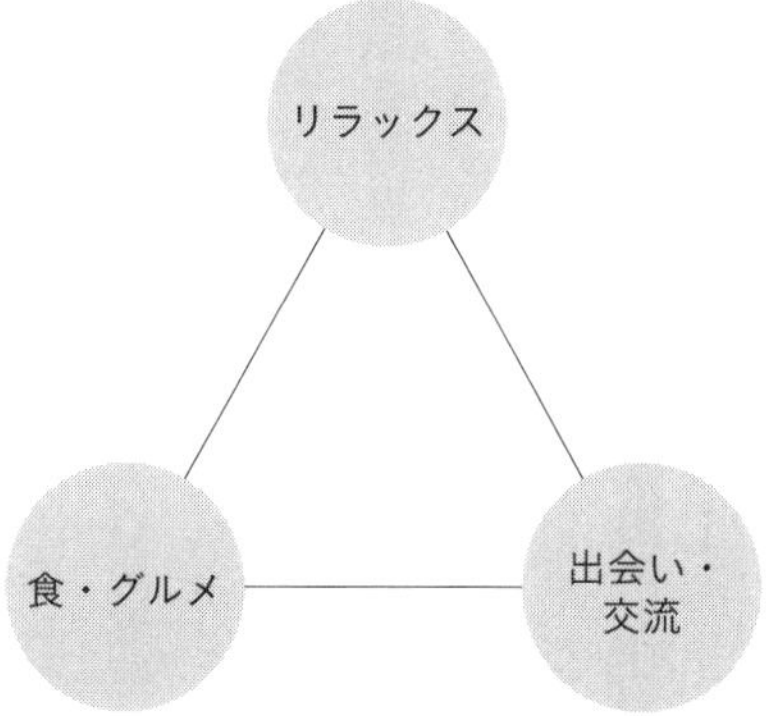

その地域の食はおいしかったか

「出会い・交流」

地域の人々と交流ができたか
地元の人々との出会いがあったか
地元の人の暮らしに触れることができたか

実際に、「おいしい食との出会い」「地域の人々との交流」『リラックスできたこと』の3要素が、リピート意向に結びついているのかを検証してみよう。

分析結果は、表14－4～6のとおりだ。

「その地域に、また行きたいか」の質問で、「その地域の食がおいしかった」人に関しては、34・8％が「とてもその通り」と回答している。一方、そうでない人は、「とてもその通り」は10・9％にすぎない（表14－4）。

同じく、「その地域に、また行きたいか」の質問で、「リラックスできた」人に関しては、33・9％が「と

表 14-4：「おいしい食」との出会いが、リピート訪問に結びつく

	その地域に、また行きたい				(%)
	まったく違う	違う	どちらともいえない	その通り	とてもその通り
その地域の食はおいしかった	0.2	1.6	14.8	48.6	34.8
違う・どちらともいえない	0.5	8.1	49.5	31.0	10.9

（注）カイ二乗検定　0.1%水準有意
（出所）全国消費者2000人調査（2017年10月）

表 14-5：「リラックス」が、リピート訪問に結びつく

	その地域に、また行きたい				(%)
	まったく違う	違う	どちらともいえない	その通り	とてもその通り
リラックスできた	0.1	1.6	17.0	47.4	33.9
違う・どちらともいえない	1.0	10.0	52.3	30.0	6.7

（注）カイ二乗検定　0.1%水準有意
（出所）全国消費者2000人調査（2017年10月）

表 14-6：「地域の人々との交流」が、リピート訪問に結びつく

	その地域に、また行きたい				(%)
	まったく違う	違う	どちらともいえない	その通り	とてもその通り
その地域の人々と交流ができた	0.0	1.6	9.8	45.8	42.8
違う・どちらともいえない	0.4	4.4	31.7	42.2	21.4

（注）カイ二乗検定　0.1%水準有意
（出所）全国消費者2000人調査（2017年10月）

ても その通り」と回答している。一方、そうでない人は、「とてもその通り」と回答する人は、わずか6・7％にすぎない（表14－5）。

「その地域に、また行きたいか」の質問で、「地域の人々と交流ができた」人に関しては、42・8％が「とてもその通り」と回答している。一方、そうでない人は、「とてもその通り」と回答する人は、21・4％である（表14－6）。

これらの分析結果から、「美味しい食との出会い」「リラックス」「地域の人々との交流」が、リピート意向に結び付いていることは明らかだろう。

たとえば、「地域の人々との交流」に関しては、地域で行われている祭り、花火などのイベントも、そのきっかけになるはずだ。祭りや花火といった「ライブ感のあるイベント」は、一度見たからもう十分とはならない。「また見たい」とリピート来訪に結び付きやすい。また、祭りや花火など夜型のイベントは、飲食や宿泊につながるため、観光客が地域にお金を落としてくれる。

「価格の安さ」で引きつけた観光客は、「リピート」「滞在」をしにくい

一方、今回の分析結果からは、「価格の安さ」で引きつけた観光客は、「リピート」や「滞在」をしにくいことも示唆される。低価格で、観光客との「きずな」を築くことはできない

ということだ。

「価格の安い観光」に引きつけられるのは、「非リピート志向の観光客」（分析②参照）であり、「周遊志向の観光客」（分析④参照）である。

「リピートしてもらうためには、価格が安いほうがよい」
「滞在してもらうためには、物価、宿泊費が安いほうがよい」

このように話す観光関係者がいるが、この発想は、おそらく間違いだろう。観光客は、価格が「安い」からリピートするのではない。

① その地域に行くと、「おいしい食に出会える」から、「また行きたい」と思うのである。
（たとえば、中華街にリピーターが多いのは、この理由だろう）

② その地域に行くと、「リラックスできる」から、「また行きたい」と思うのである。
（たとえば、温泉地にリピーターが多いのも、ハワイにリピーターが多いのも、この理由だろう）

③ その地域に行くと、「地元の人々との出会いや交流がある」から、「また行きたい」

と思うのである。

「リピート志向」「滞在志向」の観光客は、お金を落としてくれる

観光客の支出の大部分は、「食費」「宿泊費」「買物代」から構成されている。ここでは、メインターゲットである「リピート志向、かつ、滞在志向」の観光客と、ターゲットではない「非リピート志向、かつ、周遊志向」の観光客との間に、国内観光における「食費」と「宿泊費」の予算に統計的な差異があるのかを分析してみた。

結果は、表14−7、8に示したとおりである。

国内旅行での「夕食1回分の予算（1人当たり）」については、「リピート志向かつ滞在志向」の平均値は4420円、「非リピート志向かつ周遊志向」の平均値は3872円と、「リピート志向かつ滞在志向」の観光客の方が高くなっている。

国内旅行での「1泊分の宿泊予算（1人当たり）」についても、「リピート志向かつ滞在志向」の平均値は1万4621円、「非リピート志向かつ周遊志向」の平均値は1万2581円と、こちらも「リピート志向かつ滞在志向」の観光客の方が高くなっている。

いずれの指標も、統計的に顕著な差額だ。

「非リピート志向かつ周遊志向」の観光客に比べ、「リピート志向かつ滞在志向」の観光客

表14-7：国内旅行で、夕食1回1人分の飲食予算（平均値）

（円）

リピートかつ滞在志向		非リピートかつ周遊志向
4,420	>	3,872

（注）0.1％水準で平均値に統計的な有意差あり
（出所）全国消費者1000人調査（2018年11月）

表14-8：国内旅行で、1泊1人分の宿泊予算（平均値）

（円）

リピートかつ滞在志向		非リピートかつ周遊志向
14,621	>	12,581

（注）0.1％水準で平均値に統計的な有意差あり
（出所）全国消費者1000人調査（2018年11月）

は、価格の安さの重視度が低いことは、図14－9、10の分析結果からも示唆される。

図14－9をみると、「非リピート志向」の人に比べて、「リピート志向」の人の方が、「食に関する価格の安さ」の重視度が低いことが分かる。

図14－10をみると、「周遊志向」の人に比べて、「滞在志向」の人の方が、「物価の安さ」の重視度が低くなっている。

以上の分析結果から、質の観光のターゲットである「リピート志向」「滞在志向」の観光客は、「非リピート志向」「周遊志向」の観光客と比べて、地元にお金を落としてくれる人々であることが明らかだろう。

つまり、「リピート志向」「滞在志向」の観光客をターゲットにすることによって、「地元消費」の向上も期待できるということだ。

図 14-9：「リピート志向」の観光客は、価格の安さの重視度が低い

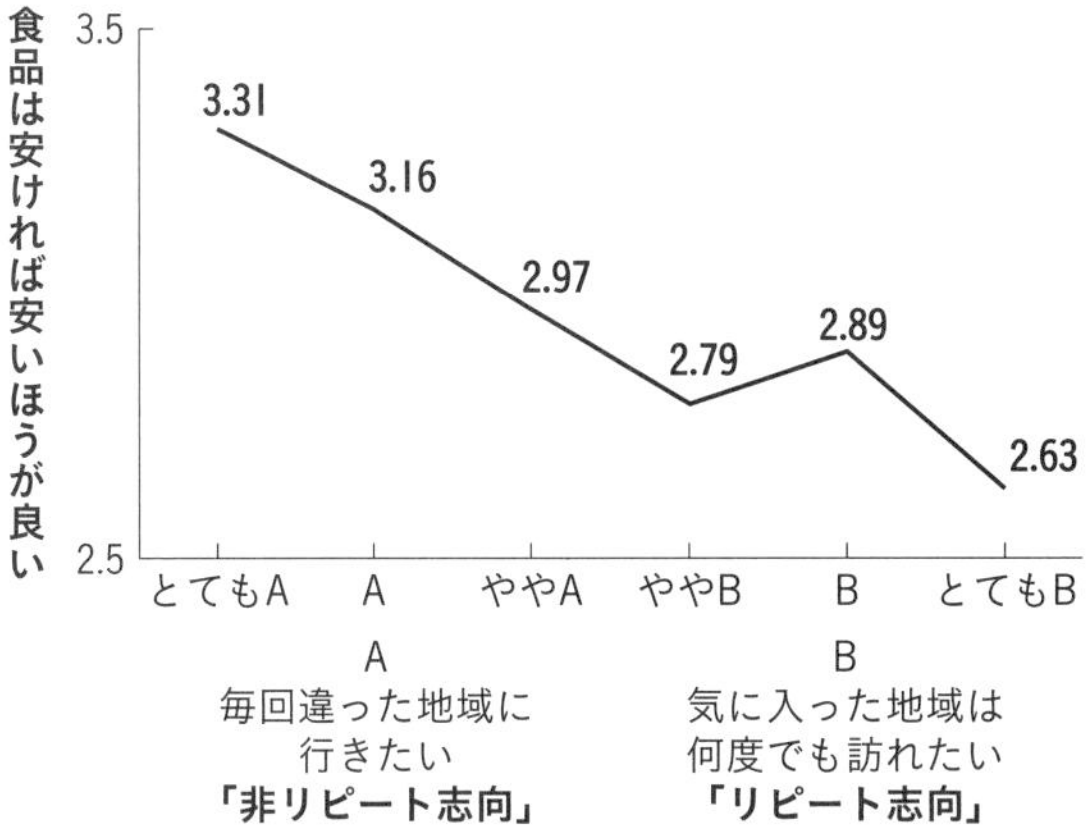

（注）食品は安ければ安いほうが良いは「その通り」5～「違う」1の5ポイントスケールで評価。
1％水準で統計的な有意差あり
（出所）全国消費者1000人調査（2018年11月）

図 14-10：「滞在志向」の観光客は、価格の安さの重視度が低い

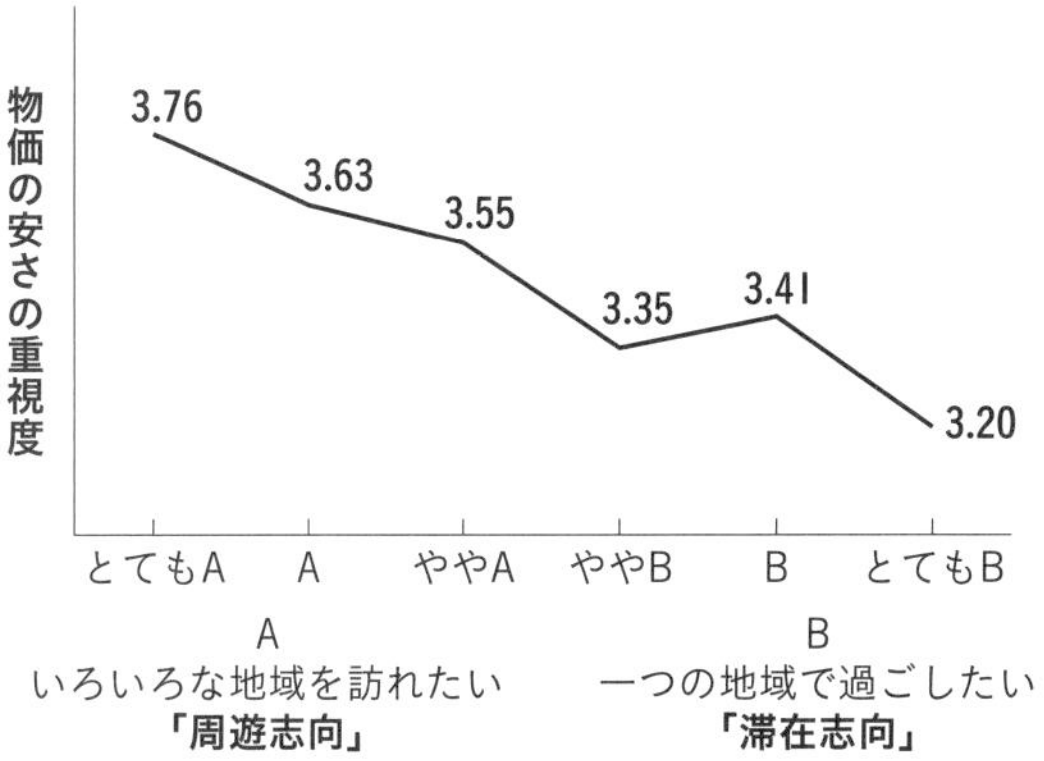

（注）物価の安さの重視度は「とても重視」5～「まったく重視しない」1の5ポイントスケールで評価
1％水準で統計的な有意差あり
（出所）全国消費者1000人調査（2018年11月）

「質の観光」の実現に向けて

「質の観光」の実現には、観光客の「リピート」と「滞在」と「地元消費」の促進がカギになる。

本章での分析結果から、「リピート志向」「滞在志向」の観光客を、地域に引きつけるポイントとして、「リラックス」「食」「交流」の3つ要素が抽出された。

この3要素のうち、「リラックス」と「食」は、第1章でみた日本人が観光に求める価値と一致している。ということは、「質の観光」の追求は、日本人の観光の促進につながる可能性が高いということである。

「リラックス」「食」「交流」の提供には、名所旧跡もいらないし、著名な観光スポットもいらない。地域の規模も無関係である。

つまり、どの地域も、「質の観光」を実現する可能性を有しているということだ。

既述のとおり、観光振興において、大切なものは「足元」にある。

大切なことは、他地域の成功事例を真似ることではなく、足元にある地域資源をいかに生かし、いかに伝えるかだ。

地域ならではの「強み」を基盤に、この3要素を〝掛け算〟することができれば、名所旧跡の有無や、地域の規模にかかわらず、「質の観光」を実現することは可能だろう。

「目指すべき地域像」を共有し、地域が一丸となって、ブレずに、地域引力を生み出すチャレンジを継続していこう。

そうすれば、「地名」が「ブランド」に変わる日がやってくるはずだ。

おわりに——大切なものは、目には見えない

観光振興の真の目的は、「観光客を増やすこと」ではありません。「地域を元気にすること」です。

真の観光立国は、観光客に来てもらうだけでなく、観光を楽しむ国民が多い国です。人々の心を引きつける「引力ある地域」「ブランド力のある地域」が一つでも増えていくことが、我が国の地域の〝元気〟と、人々の観光の促進につながるのではないでしょうか。

これが、「地域引力」と「観光のブランド」に焦点を当てた、本書を執筆したきっかけです。

「引力」は、目には見えない不思議な力です。「ブランド」も同様です。人の心の中にあるため、目で見ることはできません。

観光で、魅力的な地域を訪れたときに、駅や空港を出た瞬間、何か違う「空気」、土地の「匂い」を感じた経験はないでしょうか。空気も、匂いも我々の目には見えません。

本当に大切なものの多くは、目には見えません。地域の引力も、ブランドも、見えないけれど、たしかに存在しています。

では、どうすれば、地域が、目には見えない「引力」を生み出し、ブランド力を高めてい

くことができるのでしょうか？　この疑問に応えることをテーマに、この本を書き進めてきました。

本当に大切なものは、簡単には生み出すことができません。いや、簡単に生み出すことができないから、大切なのかもしれません。

もし、簡単にブランドを生み出せるとしたら、うまくいったとしても、すぐに誰かに真似されてしまいます。次第に競争が厳しくなり、誰も幸せにならないでしょう。

楽あれば、ブランドなし。苦あれば、ブランドあり。

地域のブランドづくりも、地域引力の向上も、地域ならではの空気感の創造も、どれも簡単なことではありません。だからこそ、チャレンジする価値があるのだと思います。

観光のブランドづくりには、ゴールや、完成形はありません。ブランドづくりで大切なのは、「瞬発力」ではなく、「継続力」です。

強いブランドは、常に進化を続けています。ブランドづくりに挑戦し続ける「プロセス」そのものが、地域引力を生み出し、観光客や地域の人々の心を引きつけるはずです。

本書が、皆様の地域におけるブランドづくりの挑戦に、少しでもお役に立てるとしたら、これ以上の喜びはありません。

岩崎　邦彦

参考文献

Baker, B., "*Destination Branding for Small Cities: The Essentials for Successful Place Branding*", Creative Leap Books, 2007.

Camilleri, Mark Anthony, "*The Branding of Tourist Destinations : Theoretical and Empirical Insights*", Emerald Group Pub Ltd, 2018.

Govers, R., Go, F., "*Place Branding: Glocal, Virtual and Physical Identities, Constructed, Imagined and Experienced*", Palgrave Macmillan, 2009.

Helliwell, J., Layard, R., Sachs, J., "*World Happiness Report 2017*", New York: Sustainable Development Solutions Network, 2017.

Moilanen, T., Rainisto, S., "*How to Brand Nations, Cities and Destinations: A Planning Book for Place Branding*", Palgrave Macmillan, 2014.

Nigel Morgan, Annette Pritchard, Roger Pride, "*Destination Branding: Creating the unique destination proposition*", Second Edition, Butterworth-Heinemann, 2004.

Susan L. Slocum, Kynda R. Curtis, "*Food and Agricultural Tourism: Theory and Best Practice*", Routledge, 2017.

Yu Ishida, Miki Miyaki, Yoshikazu Fujisawa, Kunihiko Iwasaki, "How does tourism differ among generations? Tourists from the United States and their willingness to visit Japan", *International Journal of Tourism Sciences*, Vol.17, Issue 1, 2017.

Zajonc, Robert B., "Attitudinal effects of mere exposure", *Journal of Personality and Social Psychology*,

Vol.9, 1-27, 1968.

アレックス・カー、清野 由美『観光亡国論』中央公論新社、2019年。

池谷裕二『脳はなにげに不公平』朝日新聞出版、2019年。

石田祐・宮錦三樹・岩崎邦彦・藤澤由和「日本への観光意欲の決定要因―アメリカ人を対象にしたアンケート調査による実証分析―」、『日本国際観光学会論文集』第22巻、2015年。

岩崎邦彦・渡辺厚「コンベンション都市に対する参加者満足度の規定要因―開催地マーケティングへの示唆―」、『観光研究』第22巻1号、2010年。

岩崎邦彦「地方都市のMICE振興戦略―静岡県の取り組みからの示唆―」、『観光研究』第22巻2号、2011年。

岩崎邦彦『緑茶のマーケティング――〝茶葉ビジネス〟から〝リラックス・ビジネス〟へ』農文協、2008年。

岩崎邦彦『小が大を超えるマーケティングの法則』日本経済新聞出版社、2012年。

岩崎邦彦『小さな会社を強くするブランドづくりの教科書』日本経済新聞出版社、2013年。

岩崎邦彦『引き算する勇気――会社を強くする逆転発想』日本経済新聞出版社、2015年。

岩崎邦彦・藤澤由和「インバウンド観光客に対する〝おもてなし〟の多面性に関する研究――イギリス人を対象とした日本観光へのニーズの計量分析」、『経営と情報』第30巻1号、2017年。

ウェッジ編『「そうだ 京都、行こう。」の20年』ウェッジ、2014年。

国土交通省観光庁『観光白書（平成30年版）』日経印刷、2018年。

小林哲『地域ブランディングの論理―食文化資源を活用した地域多様性の創出』有斐閣、2016年。

近藤隆雄『新版 サービスマネジメント入門―商品としてのサービスと価値づくり』生産性出版、2004年。

佐々木土師二『観光旅行の心理学』北大路書房、２００７年。

ジェームス・ヘスケット、レオナード・シュレシンジャー、アール・サッサー（島田陽介訳）『カスタマー・ロイヤルティの経営』日本経済新聞社、１９９８年。

田村正紀『ブランドの誕生—地域ブランド化実現への道筋』千倉書房、２０１１年。

デービッド・アトキンソン『新・観光立国論』東洋経済新報社、２０１５年。

デービッド・アトキンソン『世界一訪れたい日本のつくりかた』東洋経済新報社、２０１７年。

藻谷浩介・山田桂一郎『観光立国の正体』新潮社、２０１６年。

本川達雄『生物学的文明論』新潮社、２０１１年。

山田拓『外国人が熱狂するクールな田舎の作り方』新潮社、２０１８年。

吉兼秀夫、国枝よしみ他「地域創造のための観光マネジメント講座」学芸出版社、２０１６年。

【著者紹介】

岩崎邦彦（いわさき・くにひこ）

1964年生まれ。静岡県立大学経営情報学部教授・学長補佐・地域経営研究センター長。

上智大学経済学部卒業、同大学院経済学研究科博士後期課程単位取得。

国民金融公庫、東京都庁、長崎大学経済学部助教授など経て現職。

専攻は、マーケティング。とくに、地域に関するマーケティング問題を主な研究テーマとしている。これらの業績により、日本観光学会賞、日本地域学会賞奨励賞、世界緑茶協会O-CHAパイオニア学術研究大賞、財団法人商工総合研究所中小企業研究奨励賞などを受賞。

著書に、『小さな会社を強くするブランドづくりの教科書』『農業のマーケティング教科書：食と農のおいしいつなぎかた』『引き算する勇気：会社を強くする逆転発想』『小が大を超えるマーケティングの法則』（いずれも日本経済新聞出版社）、『スモールビジネス・マーケティング』（中央経済社）などがある。

地域引力を生み出す

観光ブランドの教科書

2019年11月6日　1版1刷
2024年3月5日　　5刷

著　者　　岩崎　邦彦

発行者　　國分正哉
発　行　　株式会社日経BP
　　　　　日本経済新聞出版
発　売　　株式会社日経BPマーケティング
　　　　　〒105-8308　東京都港区虎ノ門4-3-12

印刷・製本　三松堂
本文ＤＴＰ　マーリンクレイン
装　丁　　鈴木大輔（ソウルデザイン）

ISBN978-4-532-32307-3　Printed in Japan